AKADEMISMUS

ROBERT OLAWUYI

AKADEMISMUS

Akademische Kunst im 21. Jahrhundert
Eine Polemik

Textem Verlag

Kleiner Stimmungs-Atlas in Einzelbänden
Hg. Nora Sdun, Gustav Mechlenburg
Gestaltung: Christoph Steinegger/Interkool

Bd. 37 A – Akademismus
Robert Olawuyi

Druck: Kerschoffset d.o.o.
ISBN 978-3-86485-313-5
www.textem-verlag.de

Alle Abbildungen aus:
Jean-Leon Gerome, *The Age of Augustus the Birth of Christ*, 1855
Öl auf Leinwand, 6,20 × 10,10 m

Gefördert von

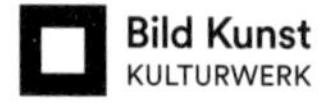

INHALT

Einführung 9

Ein internationales Netzwerk 15

Die Kunstakademie als Quelle von spezialisierten Arbeitskräften 19

Die Funktion der Kunstakademie für den individuellen Werdegang der Künstlerinnen und Künstler 31

Die normative Funktion der Kunstakademien 35

Kernbestandteile des normativen Systems 41

Die Notwendigkeit eines Systems gegenseitiger Bestätigungen und der Verlust der Intuition 49

Einige aktuelle Merkmale 55

Identitätskunst als akademische Gattung 63

Akademische Kunst und Kapitalismus 71

Schlussfolgerung 81

Literaturverzeichnis 85

Danksagung 88

Die Geschichte wiederholt sich nicht,
aber sie reimt sich.[1]

1) Wird Mark Twain zugeschrieben, auch wenn dies höchst fragwürdig ist.

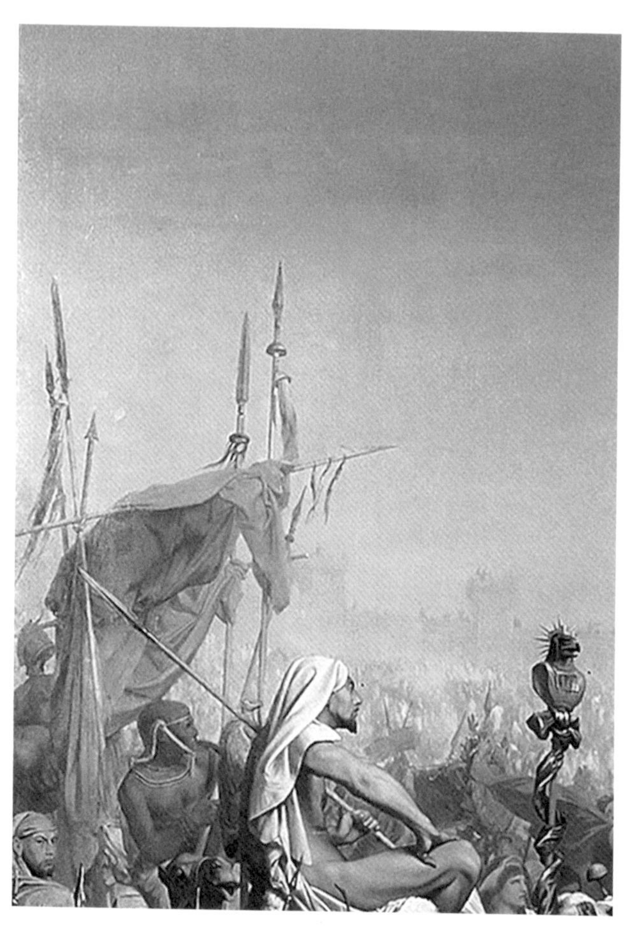

Jean-Leon Gerome, *The Age of Augustus the Birth of Christ* (1/10)

Lange Zeit dachten wir, sie gehörten der Vergangenheit an: die Putten, die Venusdarstellungen, die Amoretten, die Cäsaren, die Triumphzüge, die antiken griechischen oder römischen Soldaten, die orientalischen Harems, die als weibliche Figuren dargestellten Jahreszeiten und die bukolischen Landschaften. Und doch sind sie hier. Wir befinden uns wieder mitten im Zeitalter des Akademismus. Wie konnte das geschehen?

Seit die Impressionisten die Malerei eroberten und damit den Weg für die Avantgarde geebnet haben, schien es selbstverständlich, dass die formalen, ideologischen, thematischen oder ästhetischen Beschränkungen des Akademismus damit ein für alle Mal abgeschafft sind. Diese Überzeugung hat zu der sehr bequemen Schlussfolgerung geführt, dass wir mit der stumpfsinnigen Reproduktion von Allgemeinplätzen und Klischees fertig sind und die einzige Kunst, die wir schätzen, das Original, die echte oder sozusagen gute Kunst ist. Daher muss ein guter Künstler von Natur aus ein erfolgreicher Künstler sein. So weit, so gut. Aber was ist, wenn das nicht der Fall ist? In diesem Text behaupte ich, dass der Akademismus nicht verschwunden ist, im Gegenteil: Er ist mutiert und hat sich in ein noch subtileres und noch autoritäreres und restriktiveres Regime verwandelt, das die zeitgenössische Kunstszene beherrscht.

Es ist wohl kein Zufall, dass die meisten der zahlreichen Versuche, das Werk längst vergessener akademischer Künstler des 19. Jahrhunderts zu »rehabilitieren« oder neu zu interpretieren, seit den 1990er Jahren veröffentlicht wurden. Dies könnte die logische Folge der Tatsache sein, dass der wiederhergestellte strukturelle Rahmen des zeitgenössischen Akademismus den historischen Akademismus viel verständlicher macht. Ein gutes Beispiel für diese Versuche ist Paul Barlows »Fear and loathing of the academic, or just what is it that makes the avant-garde so different, so appealing?«. Gleich zu Beginn seines Essays zitiert Barlow Andrè Salmons Aufzeichnungen über Rousseau, der, obwohl er ein naiver Maler war, den Salon besuchte und »... stand wie gebannt vor einem mittelmäßigen Porträt, signiert von Courtois, einem akademischen Künstler, der heute völlig vergessen ist. Rousseau, so scheint es, bewunderte Courtois für sein Finish.«[2] Weiter gibt Barlow die folgende Interpretation von Salmons Text:

> »Die Begegnung zwischen Salmon und Rousseau ist schwierig, denn Rousseau wählt den Besuch des Salons, einer Institution, die offensichtlich mit schlechtem Geschmack verbunden ist. Außerdem ist es Courtois' ›Finish‹ – sein technisches Können – das den ungeschulten Rousseau fasziniert. Salmon versucht, eben dieses Können gegen Courtois zu wenden, indem er ihn als kleinbürgerlichen Pedanten darstellt.«[3]

Es gibt zwei große Probleme mit dieser Interpretation: Das erste besteht darin, dass Barlow denselben Fehler zu machen scheint, den Salmon gemacht hat. Er unterscheidet nämlich nicht zwischen der Bewunderung für die technischen Fähigkeiten von Künstler:innen und der Bewunderung für seine oder ihre Kunst. So kann man zum Beispiel die technischen Errungenschaften des Films *Der König der Löwen* in realistischer 3-D-Animation bewundern und ihn dennoch als Kunstwerk uninteressant finden. Das zweite Problem besteht darin, dass er suggeriert, Salmon habe Courtois nur deshalb kritisiert, weil er über hohe technische Fähigkeiten verfüge. Tatsächlich hat Salmon Courtois nicht deswegen kritisiert, sondern viel mehr wegen seiner einfallslosen Art, Kunst zu machen. Im weiteren Verlauf übt Barlow eine gründliche Kritik an Greenbergs (und seinen Anhängern) Konzept des Akademismus. Er weist auf die Verquickung verschiedener Vorstellungen von Akademismus hin, wie akademischer Idealismus und akademisch realistischer Stil der figurativen Darstellung (was bereits ein Widerspruch ist), und Akademismus als Ausdruck eines unklaren aber unhinterfragten »bürgerlichen« Geschmacks.

2) Paul Barlow, »Fear and loathing of the academic, or just what is it that makes the avant-garde so different, so appealing?« in: *Art and the Academy in the Nineteenth Century*, Hg. Rafael Cardoso Denis und Colin Trodd, Manchester 2000, S. 16

3) Ebd.

Barlow argumentiert zu Recht, dass diese Verquickung »das Verständnis der Kunst des neunzehnten Jahrhunderts blockiert«.[4] Auch wenn ich an dieser Stelle anmerken muss, dass etwas zu verstehen noch lange nicht heißt, es gut zu finden. Die fehlende Unterscheidung zwischen intellektueller Verständlichkeit und ästhetischer Qualität ist ein regelmäßig auftauchendes Phänomen unter Kunsthistorikern und damit eine der Ursachen des zeitgenössischen Akademismus. Ich werde dieses Problem in einem späteren Teil dieses Textes aufzeigen. Der letzte Punkt, den ich zu Paul Barlows »Fear and loathing of the academic, or just what is it that makes the avant-garde so different, so appealing?« anmerken will, ist, dass er die Tatsache übersieht, dass die akademische Ästhetik aus dem institutionellen Charakter des Akademismus resultiert. Der Akademismus ist in erster Linie keine spezifische ästhetische Doktrin, sondern eine institutionelle Struktur, deren Hauptzweck darin besteht, sich selbst zu erhalten und zu reproduzieren. Daher ist die akademische Ästhetik, egal wie sie aussieht, immer die Ästhetik des aktuellen Status quo. Aus diesem Grund werde ich versuchen, den zeitgenössischen Akademismus als ein strukturelles Phänomen zu beschreiben, das auf den Parallelen zwischen dem Akademismus des 19. Jahrhunderts, den ich als historischen Akademismus bezeichne, und seiner gegenwärtigen Form, die ich als zeitgenössischen Akademismus bezeichne, beruht.

4) Ebd., S. 25

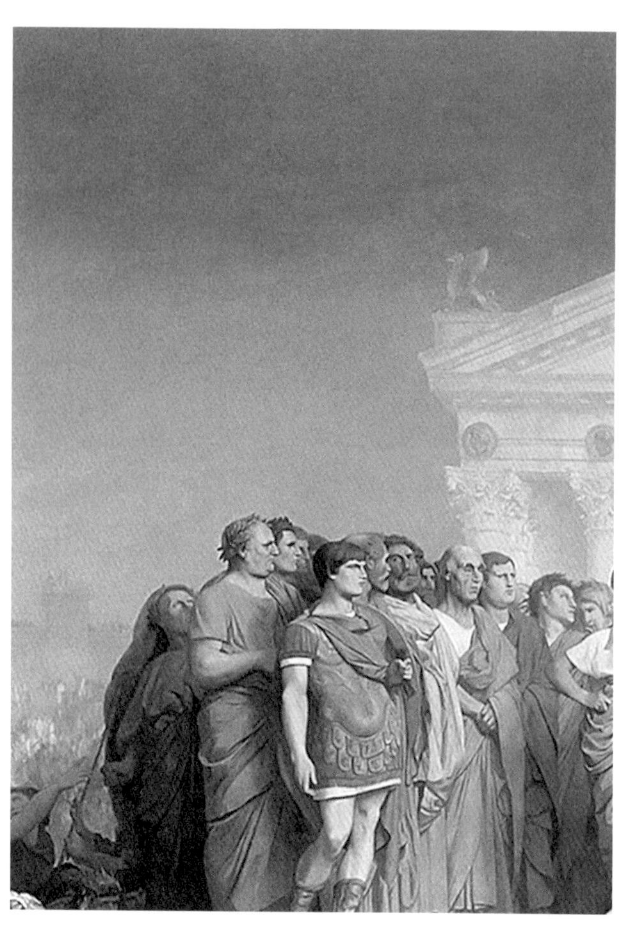

Jean-Leon Gerome, *The Age of Augustus the Birth of Christ* (2/10)

Wenn wir den Akademismus eher als eine institutionelle und soziale Struktur denn als ein Regelwerk der Ästhetik begreifen, ist eine der auffälligsten Parallelen zwischen dem historischen und dem zeitgenössischen Akademismus ihr internationaler, ja globaler Charakter. Mitte des 19. Jahrhunderts wurde die damals aktuelle Version der akademischen Bildsprache zur Norm von St. Petersburg bis Rio de Janeiro. Diese Bildsprache wurde von den Doktrinen eines Netzwerks von Kunstprofessoren, Kunsttheoretikern und international gefeierten Künstlern sowie von Kunstinstitutionen (wie dem Salon) entwickelt und von den Bedürfnissen der herrschenden Klasse des europäischen Kontinents geprägt. Auch wenn die visuelle Sprache des zeitgenössischen Akademismus von anderen Bedürfnissen geprägt ist, nämlich von den Bedürfnissen des globalen Kapitals, das in der Kunstindustrie zirkuliert, ist es fast unmöglich, die Ähnlichkeit mit seinem historischen Vorgänger in Bezug auf seinen globalen und normativen Charakter nicht zu bemerken. Hans Beltings Begriff der »globalen Kunst«, die überall stattfinden kann und die von einem internationalen Netzwerk von Institutionen als »gute« Kunst validiert wird, könnte genauso gut auf die akademische Kunst des 19. Jahrhunderts angewendet werden. Der Grund dafür ist, dass die zugrunde liegenden Strukturen und Mechanismen beider im Wesentlichen identisch sind. Natürlich gibt es einen offensichtlichen Unterschied: Der zeitgenössische Akademismus ist nicht ausschließlich westlich dominiert. Im Zuge der Anpassung an die Globalisierung hat der Akademismus notwendigerweise die Ästhetik und die Perspektiven zahlreicher verschiedener Kulturen aufgenommen, um sein Hauptziel zu erreichen, sich selbst zu erhalten und zu reproduzieren. Dies ist einfach die Folge seines institutionellen Charakters, denn die oberste Priorität jeder Institution ist ihr eigener Erhalt. Der Akademismus ist nach dem 19. Jahrhundert nicht verschwunden, im Gegenteil, er hat sein globales internationales Netzwerk erfolgreich bewahrt, reproduziert und sogar erweitert, während er zu etwas mutierte, das Belting als »globale Kunst« und Suhail Malik als »zeitgenössische Kunst« bezeichnet. In diesem Sinne ist Maliks Analyse des von ihm als Zeitgenössische Kunst bezeichneten Phänomens tatsächlich die erste systematische Analyse des zeitgenössischen Akademismus.

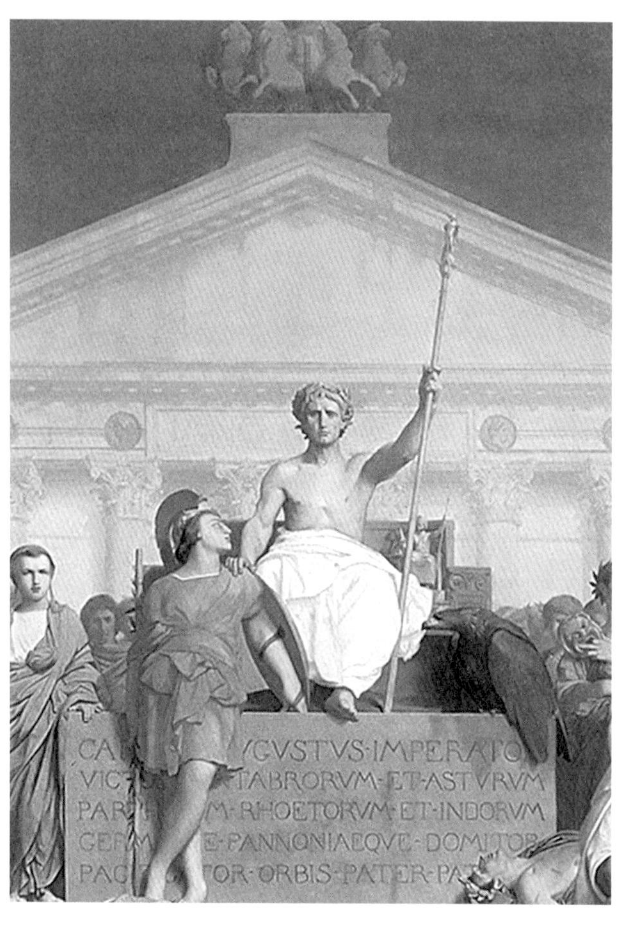

Jean-Leon Gerome, *The Age of Augustus the Birth of Christ* (3/10)

DIE KUNSTAKADEMIE ALS QUELLE VON SPEZIALISIERTEN ARBEITSKRÄFTEN

Rückblickend scheint es eine etwas naive Vorstellung gewesen zu sein, dass eine Gesellschaft sich des Akademismus entledigen könnte, ohne sich der Kunstakademien zu entledigen. Interessanterweise ähnelt die Rolle der Kunstakademien heute viel mehr der Rolle, die sie im 19. Jahrhundert spielten, als der Rolle, die sie im 20. Jahrhundert spielten, insbesondere in der Zeit zwischen dem Ende des Zweiten Weltkriegs und den frühen 1990er Jahren. In der Nachkriegszeit, bis etwa zur Jahrtausendwende, schien das alte Konzept der Kunstakademien durch revolutionäre Künstler wie Joseph Beuys, der von 1961–1972 an der Düsseldorfer Kunstakademie lehrte, erfolgreich reformiert zu werden. Die Kunstakademien im Westen wurden zu einer Art »unregulierten« Experimentierzone für alle möglichen Bereiche. Da der Kunstmarkt in seiner heutigen Form noch nicht existierte, wurden die Kunstakademien als Orte verstanden, die den Studierenden eine radikale Freiheit des Ausdrucks boten und so ihre künstlerische Entwicklung ermöglichten. Aus heutiger Sicht ist es ganz offensichtlich, dass diese 30 Jahre nur eine kurze Periode der Freiheit waren und keine dauerhafte Errungenschaft. Der Akademismus hat das Terrain der Akademie zurückerobert, wie wir sehen können, wenn wir die Rolle der höheren Kunstausbildung in der zweiten Hälfte des 19. Jahrhunderts mit heute vergleichen.

Als Peter von Cornelius 1821 die Düsseldorfer Kunstakademie reformierte, wollte er die Kunststudenten von der stumpfsinnigen und mechanischen Ausbildung befreien, die vor allem darin bestand, »die Werke der Alten Meister sowie Körperteile oder Gipsabdrücke mit Kreide, Bleistift und Kohle auf Tafel und Papier zu kopieren«.[5] Sein Ziel war es, die Schüler in ihrer individuellen Entwicklung zu fördern und sie darauf vorzubereiten, Kunst zu erschaffen, die der Religion und dem öffentlichen Leben dient. Der bayerische König Ludwig I. erkannte schnell das Potenzial dieses Konzepts und ernannte Cornelius zum Direktor der Kunstakademie in München. Er trat sein Amt 1824 an[6], führte das Fach Wandmalerei ein sowie das, auch heute wieder sogenannte, System der Meisterklassen. Letzteres war eine bedeutende Veränderung, auch wenn sie nur einen ausgewählten Kreis von Studenten im letzten Studienjahr betraf, die fähig genug waren, ihrem Professor bei den großen Wandmalereiprojekten zu assistieren, die von den bayerischen und preußischen Königen in Auftrag gegeben wurden. Es ist wichtig festzuhalten, dass dieses System den Studenten letztlich keine künstlerische Autonomie bot. Cornelius änderte also nicht wirklich etwas an dem zentralen und maßgeblichen System des akademischen Studiums. Dennoch oder gerade deswegen wurde die akademische Reform von Cornelius zur Blaupause für alle späteren akademischen Reformen, in denen »... der Akademismus seine wesentliche Eigenschaft der autoritativen Pädagogik bewahrt hat und gleichzeitig in der Lage war, ein wenig mit der Zeit Schritt zu halten«.[7]

Mit anderen Worten, es handelte sich im Grunde nicht um eine Reform, sondern um ein Performance-Update. Und es ist bezeichnend, dass heute, 200 Jahre später, nach der Avantgarde, der Moderne und der Postmoderne, das Meisterklassensystem in Deutschland immer noch existiert.

Ludwig I. berief Cornelius nicht, weil ihm die individuelle künstlerische Entwicklung der Studenten an der Königlichen Kunstakademie in München so sehr am Herzen lag. Der bayerische König wollte mit Projekten der bildenden Kunst die bayerische nationale Identität stiften (man könnte auch sagen: nationale Propaganda machen), und dazu brauchte er entsprechend ausgebildete Künstler. Die Aufgabe der Kunstakademie bestand also darin, Künstler hervorzubringen, die den Anforderungen dieser Aufgabe entsprachen. Peter von Cornelius' Konzept

5) Saskia Pütz, »Britische Kunststudenten und deutsche Meister: W. B. Spence and the Reform of German Art Academies« in: *The concept of the ›Master‹ in Art Education in Britain and Ireland, 1770 to the Present*, Hg. Matthew C. Potter, Surrey 2013, S. 88

6) Ebd., S. 95

7) Ivan Brooks, »Art and Academism« in: *New Blackfrairs* Bd. 17, Ausgabe 196, London 1936, S. 517

der Kunsterziehung und seine Betonung der Wandmalerei machten ihn zu einem perfekten Kandidaten für die Leitung einer solchen Institution.

Ein paar Jahrzehnte nach der »Reform« der deutschen Kunstakademien waren bereits alle bis heute bekannten Akteure auf dem Kunstmarkt präsent: Vermögende Unternehmer, die auch Kunstkenner werden wollten, so zum Beispiel Alexander Turney Stewart, der 1872 das Werk *Pollice Verso* des französischen akademischen Malers Jean-Léon Gérôme für 80.000 Francs kaufte.[8] Ein weiteres berühmtes Beispiel für einen typischen Akteur des modernen Kunstmarkts ist Georg Plach, ein Wiener Kunsthändler, der maßgeblich am Karrieredurchbruch von Hans Makart beteiligt war. Makart wurde später einer der berühmtesten Maler des Kontinents, ein echter Star seiner Zeit und damit ein weiterer bekannter Akteur des Kunstmarkts in Doppelfunktion, als »Malerfürst« und Professor an der Kunstakademie in Wien. Der Kunsthändler Plach kaufte 1869 das dreiteilige Gemälde *Pest in Florenz* von Makart, nachdem es in München und Wien erfolgreich debütiert hatte.[9] Das Werk wurde vom Direktor des Pariser Salons abgelehnt, was Gerüchten zufolge an seinem allzu sinnlichen Charakter lag. Die Ablehnung bewies das provokative Potenzial des Gemäldes. Plach und Makart führten daraufhin die inzwischen bekannte Strategie des »kalkulierten Skandals« auf dem Kunstmarkt ein. Plach stellte das Triptychon in Paris in der Galerie Goupil aus, derselben Galerie, die auch Jean-Léon Gérôme vertrat. Der Plan ging auf: Die Pariser Bürger besuchten die Galerie in Scharen, um sich von der unsittlichen Sinnlichkeit des Bildes persönlich beleidigen zu lassen. Anschließend reiste das Werk nach Köln, Leipzig und Dresden. Diese Öffentlichkeitsarbeit steigerte den Wert des Gemäldes erheblich, bevor Plach es 1870 an Horaz von Landau in Florenz verkaufte.[10]

Das Auftreten privater Salons als Plattformen des Kunstaustauschs und das Interesse von Boulevardzeitungen und Feuilletons trugen ebenfalls zur Entstehung der modernen Kunstindustrie bei. Natürlich stellte die Kunstindustrie auch Forderungen an die Kunstschulen. Die Kunstakademien mussten Künstler hervorbringen, die den expandierenden Markt mit Qualitätsprodukten versorgen konnten. Mit anderen Worten: mit Produkten, die sofort als gute Kunst erkennbar und dem alltäglichen Kunstdiskurs ohne weitere ontologische Reflexion zugänglich waren. Von diesem Zeitpunkt an wurde die Bedeutung einer Kunstakademie am Ruhm und

8) DeCourcy E. McIntosh, »Goupil und der amerikanische Triumph von Jean-Léon Gérôme«, in: *Musée Goupil, Gérôme and Goupil: Art and Enterprise*, übersetzt von Isabel Ollivier, Paris 2000

9) Gerbert Frodl, *Hans Makart. Monographie und Werkverzeichnis mit einem Beitrag von Renate Mikula*, Salzburg 1974, S. 14

10) Klaus Gallowitz (Hg.), *Hans Makart – Triumph einer Schönen Epoche*, Baden-Baden 1972, S. 49

finanziellen Erfolg ihrer Absolventen gemessen. Diese Situation verstärkte die Abhängigkeit der Kunstakademien vom Kunstmarkt, der den Wert der Ware erst, durch hohe Verkaufspreise, beweisen musste.

Ich würde behaupten, dass die Funktion der Kunstakademie als Ausbildungsstätte spezialisierter Arbeitskräfte in der Gegenwart im Wesentlichen dieselbe ist wie in der Periode des historischen Akademismus und sich radikal von der Funktion unterscheidet, die sie zwischen den 1960er und 1990er Jahren innehatte. Infolge des Ersten und Zweiten Weltkriegs wurden mehrere Institutionen umstrukturiert oder abgeschafft, neue Institutionen mussten geschaffen werden, und führende Persönlichkeiten mussten ihre Positionen aufgrund der Neuverteilung der politischen, ideologischen und finanziellen Macht aufgeben. Dadurch wurde das soziale und institutionelle Gefüge der akademischen Welt empfindlich gestört und ihr internationales Netzwerk musste neu geordnet werden. Diese Störung eröffnete der damaligen Künstlergeneration vorübergehend einen Freiraum. In dieser kurzen Zeit waren die Kunstakademien von ihren Verpflichtungen gegenüber dem Staat befreit, weil jener diese Aufgaben erst neu definieren musste, selbiges galt auch für die Verpflichtungen gegenüber dem Markt, weil auch die Kunstindustrie neu aufgebaut werden musste. Seit den 1990er Jahren hat sich der Akademismus des 19. Jahrhunderts allerdings erfolgreich in Form des zeitgenössischen Akademismus rekonfiguriert. Die Ausbreitung der für ihn typischen Orte der Vernetzung und des Vertriebs – der Kunstmessen und Biennalen – ist hierfür ein guter Indikator. Laut der Website des *Sotheby's Institute of Art*[11] gab es vor den 1990er Jahren nur etwa 50 dieser Veranstaltungen, 2018 waren es bereits über 300. Was die Zahl der Kunstmessen betrifft, hat Christian Mogner die folgende Feststellung gemacht:

> »Ende der 1990er Jahre war die Krise des Kunstmarktes überwunden, und die allgemeine Sichtweise, dass Kunstmessen nur ein Instrument sind, das in einer Wirtschaftskrise nützlich ist, begann zu verblassen. Zu diesem Zeitpunkt war die Kunstmesse als Institution bereits gründlich erprobt und bewährt. Vor allem ihre Einbindung in verschiedene gesellschaftliche Bereiche bestätigte die Anwendbarkeit des Konzepts der Kunstmesse in vielen verschiedenen Kontexten. Durch ihre Anpassungsfähigkeit wurde die Kunstmesse zu einer globalen Institution.«[12]

11) Alina Girshovich, »Art Fairs, Biennials and the Contemporary Art Landscape«, https://www.sothebysinstitute.com/news-and-events/news/art-fairs-biennials-and-the-contemporary-art-landscape (zuletzt abgerufen am 27. 5. 2024)

12) Christian Mogner, »The evolution of the art fair«, in: *Historical Social Research / Historische Sozialforschung*, Vol. 39, No. 3 (149), Special Issue: *Terrorism, Gender, and History. State of Research, Concepts, Case Studies*, Köln 2014, S. 331

Wie in der zweiten Hälfte des 19. Jahrhunderts besteht eine der wichtigsten Funktionen der Kunstakademien heute darin, die Kunstindustrie mit jungen und relativ billigen Arbeitskräften zu versorgen. Diese Künstler:innen müssen für die Produktion zeitgenössischer akademischer Kunst qualifiziert sein, d. h. sie müssen Produkte schaffen können, die für den alltäglichen Kunstdiskurs sofort zugänglich sind, ohne dass eine ontologische Reflexion erforderlich ist. Die Kunstakademien müssen den Appetit des Marktes nach aufstrebenden Künstler:innen stillen, und diese aufstrebenden Künstler:innen müssen in der Lage sein, den Bedarf des institutionellen Rahmens (Museen, Galerien, Offspaces, die Online- und Offline-Ausgaben der Presse usw.) an Inhalten zu decken. Da der zeitgenössische Akademismus Ruhm und finanziellen Erfolg wieder als mit Abstand wichtigsten Maßstab für die Qualität der Kunstausbildung etabliert hat, stehen die Akademien unter dem Druck, ihre Vorzeige-Künstlermarken zu produzieren. Im Falle des zeitgenössischen Akademismus bedeutet dies eine noch engere Integration der Kunstakademien in die allgemeine institutionelle Struktur des Akademismus. Nehmen wir an, eine Stadt hat eine Kunstakademie, die von der Stadt für Branding-Zwecke genutzt werden könnte, aber um dies zu tun, muss die Akademie auch gefeierte Künstler:innen hervorbringen. Anstatt autonome und souveräne Künstler:innen auszubilden, muss die Kunstakademie also mit den politischen, finanziellen und institutionellen Einrichtungen der Stadt zusammenarbeiten. Diese Instanzen kurbeln dann die Karriere bestimmter Studierender an, indem sie deren Werke für ihre Sammlungen ankaufen, wie es häufig bei Sammler:innen und öffentlichen Institutionen der Fall ist, oder sie mit Kunstpreisen auszeichnen, die in der Regel mit Ausstellungsmöglichkeiten und einer hohen Aufmerksamkeit über die finanzielle Unterstützung hinaus verbunden sind. Wie Pierre Bourdieu in Bezug auf das System der Vorbereitungsklassen an den französischen Kunstakademien feststellte, führt dieses System zu Merkmalen, die denen eines militärischen Corps sehr ähnlich sind, wie »die außerordentliche Fügsamkeit, die die Konkurrenz der Schüler voraussetzt, die ungeheuren Erwartungen, die sie Schürt, die infantilisierende Abhängigkeit im Hinblick auf die Lehrer«.[13] Ich werde die Auswahlkriterien, die den Wettbewerb regeln, an späterer Stelle beschreiben. Für den Moment möchte ich nur anmerken, dass diese Kooperationen zwischen Kunstakademien, Sammler:innen und Jurys öffentlicher und privater Kunstpreise nicht immer transparent sind, weil eine solche Transparenz die Illusion untergraben würde, dass dieser Erfolg das Ergebnis der künstlerischen Verdienste der prominenten Studierenden wäre (und nicht das Ergebnis des frühen Versuchs der Kunst-

13) Pierre Bourdieu, »Vortrag vom 17. Februar 1999« in: *Manet: Eine symbolische Revolution*, Übersetzt von Achim Russer und Bernd Schwibs, Berlin 2015, S. 215

akademie, den Markt anzuheizen). Je größer das soziale, politische und institutionelle Netzwerk der Akademie ist, desto mehr Macht hat sie, die zukünftige Karriere ihrer Studenten zu unterstützen. Aus diesem Grund versuchen fast alle aufstrebenden Künstlerinnen und Künstler, an eine bekannte Kunstakademie zu kommen.

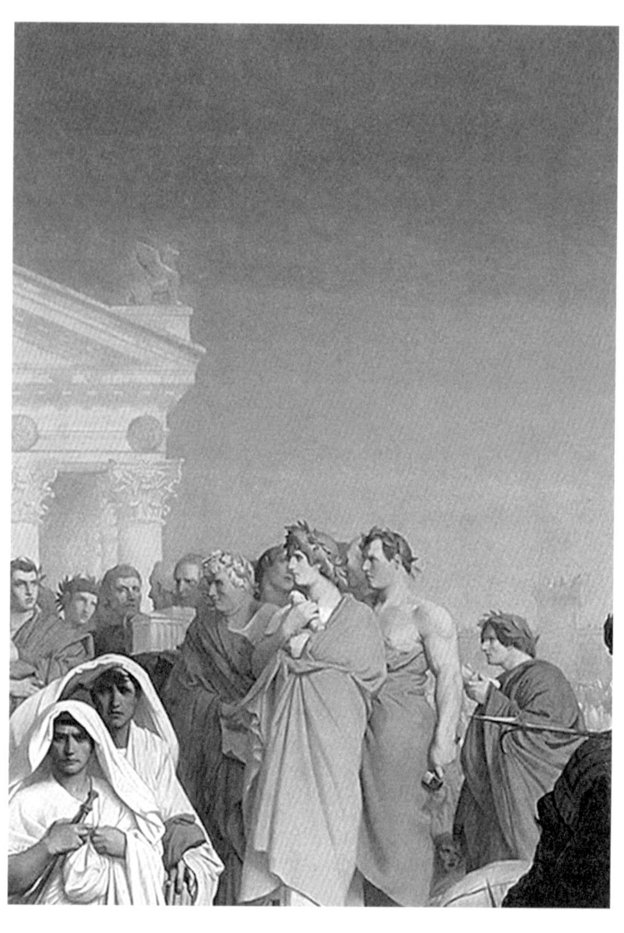

Jean-Leon Gerome, *The Age of Augustus*
the Birth of Christ (4/10)

DIE FUNKTION DER KUNSTAKADEMIE FÜR DEN INDIVIDUELLEN WERDEGANG DER KÜNSTLERINNEN UND KÜNSTLER

Als Hans Makart 1858 wegen angeblicher Unbegabung von der Wiener Kunstakademie entlassen wurde, verlegte er seinen Wohnort nach München, um sein akademisches Kunststudium abzuschließen. Um Künstler zu werden, musste man sich damals nicht unbedingt an einer Kunstakademie einschreiben. Junge angehende Künstler begannen ihre Laufbahn oft direkt mit einer Lehre im Atelier eines erfahrenen Künstlers. Makart bemühte sich dennoch beharrlich um eine formale Kunstausbildung, wahrscheinlich weil er früh erkannte, dass die Kunstakademien auch zu seiner Zeit die Torwächter des Erfolgs waren. Im Jahr 1861 wurde er schließlich in die Klasse von Carl Theodor von Piloty an der Königlichen Kunstakademie in München aufgenommen.[14] Makart arbeitete fünf Jahre lang in dessen Atelier und Pilotys Mentorschaft erwies sich als entscheidender Impuls für seine Karriere.

Betrachtet man den zeitgenössischen Akademismus lässt sich feststellen, dass die Kunstakademien heute dieselbe Funktion in den Karrieren der einzelnen Künstler einnehmen wie im 19. Jahrhundert. Die Kunstakademien ziehen die Studenten

14) Gerbert Frodl, *Hans Makart. Monographie und Werkverzeichnis*, Salzburg 1974, S. 10

nicht an, weil diese etwas lernen wollen, was sie anderswo nicht lernen könnten, oder weil sie einen Freiraum brauchen, in dem sie experimentieren können. Aufstrebende Künstler bewerben sich an Kunstakademien, weil die Autorität und das institutionelle Netzwerk der Akademie den notwendigen Zugang zum Netzwerk von Ausstellungsräumen, kuratorischen Verbindungen, Sammler:innen, Preisen, Stipendien und Plattformen der Öffentlichkeit für den Beginn ihrer Karriere bietet. Die Tatsache, dass alle Akteure der Kunstwelt dieses Phänomen für selbstverständlich halten, kann als eine weitere Parallele zwischen dem Akademismus des 19. Jahrhunderts und dem heutigen Akademismus interpretiert werden. Heute, wie im 19. Jahrhundert, wird das normative System des Akademismus einfach als die sogenannte Realität der Kunstwelt wahrgenommen. Alles, was außerhalb der Möglichkeiten des Systems liegt, erscheint unrealistisch. Ebenso erscheint jedes Verhalten, das sich nicht an seine Ziele und Anreize hält, unvernünftig. An dieser Stelle sei angemerkt, dass eine ganze Reihe bedeutender Künstler:innen der zweiten Hälfte des 20. Jahrhunderts keine formale künstlerische Ausbildung hatten; dazu gehören Marcel Broodthaers, Agnes Martin, William Eggelston, Nam June Paik oder Bill Viola, um nur einige Namen zu nennen. Ich behaupte, dass diese Künstler unter den Bedingungen des zeitgenössischen Akademismus niemals in Erscheinung getreten wären, denn da sie aus dem strukturellen Rahmen des Akademismus ausgeschlossen waren, wären sie von allen Institutionen, Galerien und folglich auch von den Sammler:innen und der allgemeinen Öffentlichkeit weitgehend ignoriert worden. Ihr Werk wäre unabhängig von seiner Qualität unsichtbar gewesen. Umgekehrt ist es heute schwer, aufstrebende zeitgenössische Künstler:innen zu finden, die nicht an einer Kunsthochschule studiert haben.

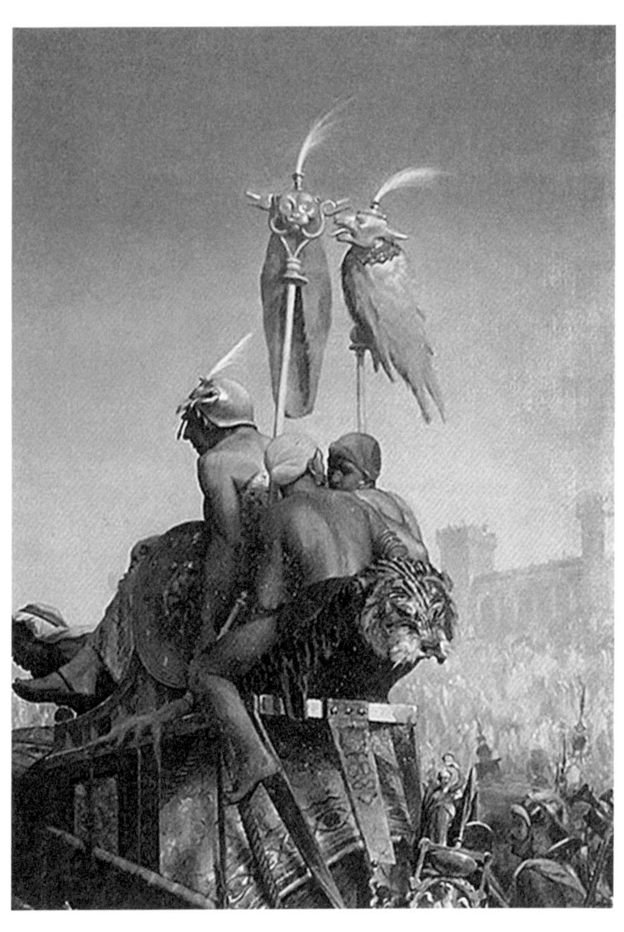

Jean-Leon Gerome, *The Age of Augustus the Birth of Christ* (5/10)

DIE NORMATIVE FUNKTION DER KUNSTAKADEMIEN

Durch die mächtige Einflussnahme auf die zukünftigen Möglichkeiten der nächsten Künstlergeneration haben die Kunstakademien, sowohl die historischen als auch die der zeitgenössischen Kunstszene, eine normative Funktion im Kunstsystem, die sie gemeinsam mit den anderen Kernkomponenten des Systems, darunter Museen, Galerien usw., ausüben. Diese Funktion der Akademien wirft unweigerlich die Frage auf, nach welchen Normen die Chancen unter den jungen Künstler:innen verteilt werden?

Die Netzwerke sowohl des historischen als auch des zeitgenössischen Akademismus sind mit dem Ziel entstanden, den Status quo aufrechtzuerhalten. Beide Systeme haben zwei eng miteinander verbundene Ziele zu erreichen: Die Vorhersehbarkeit der Ergebnisse der globalen Kunstproduktion zu maximieren und dadurch den Bereich des Denkbaren auf die eigene, schon existierende Realität zu begrenzen. Deshalb ist die herrschende Logik hinter den ästhetischen Normen des Akademismus des 19. Jahrhunderts und des heutigen Akademismus nahezu identisch. Dies ergibt sich auch aus dem institutionellen Charakter des Akademismus, demzufolge die ästhetischen Normen dem Ziel der Erhaltung und Reproduktion des institutionellen Systems dienen müssen, das sie festgelegt hat. Bei der Festlegung ihrer ästhetischen Normen folgen sowohl der historische als auch der zeitgenössische Akademismus der gleichen Logik, die ich, Suhail Malik folgend, als das Prinzip der geringsten Veränderung bezeichne.[15] Bereits 1936 hat der Maler Ivan Brooks dieses Prinzip des Zusammenwirkens wie folgt beschrieben:

»Aber die Anerkennung, die einem ›rebellischen‹ Künstler zu Lebzeiten verweigert wird, wird ihm sehr häufig nach seinem Tod zuteil, und dann werden genau die Prinzipien, für die der widerspenstige Maler stand, in begrenztem und sicherem Umfang in die akademische Lehre einer zukünftigen Generation integriert. In Wirklichkeit verdankt der Akademismus seine Überlebensfähigkeit dem Einfluss einer langen Reihe von ›rebellischen‹ oder halb-rebellischen Künstlern; von den Rebellen erhält er schließlich die Nahrung, die es ihm ermöglicht, einen respektablen Anschein von Modernität in Verbindung mit Stabilität zu wahren. Der historische Akademismus hat versucht, sich durch eine zweischneidige Politik zu schützen: erstens durch den offensichtlichen Ausschluss der Neuerer von offiziellen Ausstellungen (so wurde etwa Cézanne vom Salon des Beaux Arts ausgeschlossen), und zweitens durch die Gewährung von Konzessionen, d. h. durch die vorsichtige und gerichtliche Übernahme von Inhalten der ›Neuen‹, die sie zu verdauen imstande war; und das hat sie nicht nur getan, um die wachsende Wertschätzung der Kritiker für das Werk eben dieser ›neuen‹ Männer zu beschwichtigen, sondern auch, um ihre eigene Entwicklung zu fördern.«[16]

79 Jahre später kam Suhail Malik, vermutlich geprägt von den Beobachtungen, die er als Professor an der renommierten Kunstabteilung der *Goldsmith University of London* gemacht hatte, zu einer merkwürdigen Erkenntnis über den Begriff der zeitgenössischen Kunst. In seinem Verständnis bezeichnet der Begriff nicht die gesamte Kunstproduktion unserer Gegenwart, sondern ist ein Genre mit eigenen Regeln und Normen. Paradoxerweise sind diese Regeln und Normen aus den Kunstpraktiken des vergangenen Jahrhunderts abgeleitet worden. So wird der konservative Charakter des Genres durch eine einst als radikal und progressiv geltende Formensprache verdeckt, die heute nur noch als leere Rhetorik funktioniert. Seine Analyse zeigt eine frappierende Ähnlichkeit mit den Merkmalen, die Ivan Brooks in Bezug auf den Akademismus des 19. Jahrhunderts beobachtete. Malik hat das Prinzip der geringsten Veränderung im Kontext des zeitge-

15) Die Ähnlichkeit mit dem aus der Physik bekannten Prinzip ist gewollt. Die Tatsache, dass es mit dem niedrigsten Energieniveau der Elektronen verbunden ist, macht den Begriff für die Verwendung in unserem Kontext noch passender.

16) Ivan Brooks, »Art and Academism«, 1936, S. 514–517

nössischen Akademismus formuliert. Er beschreibt dessen Logik wie folgt:

> »Diese zunehmende Irrelevanz der Unterscheidung zwischen Gegenwart und Vergangenheit zeigt sich häufig in der Kunstausbildung, wo aufstrebende Künstler häufig Kunst neu erschaffen, indem sie Strategien und Formen verwenden, die denen der Kunst seit den frühen 1960er Jahren, wenn nicht früher, ähneln. Im Gegensatz zur Postmoderne von vor etwa anderthalb Generationen wird die historische Arbeit hier nicht als Zitat aufgegriffen, sondern als eine Reihe von Erlaubnissen, Ressourcen und Standardformaten für aktuelle künstlerische Ambitionen. Im Gegensatz zur Ablehnung des Alten, die das Klischee der Moderne ist, werden aktuelle Praktiken nicht wegen ihrer Fortführung historischer Kunst diskreditiert, sondern nur dann, wenn sich das neue Werk *nicht* in irgendeiner Weise, wie geringfügig auch immer, von seinem Vorläufer unterscheidet, indem es ein zusätzliches Element einführt – in der Regel etwas, das aus der Biografie des Künstlers stammt oder Aussagen über zeitgenössische Bedingungen und Dringlichkeiten. […] Die Vorläufer der Kunst, die heute gemacht wird, sind nur Zeitgenossen, und gleichzeitig kanonisiert die spontane Praxis der Kunst heute affirmativ die Gleichzeitigkeit der Kunst mit ihrer damaligen Zeit. Darüber hinaus wird die fortwährende

Aktualität und Regeneration der zeitgenössischen Kunst durch die sprudelnde Auffrischung eines immer wieder erneuerbaren (d. h. wegwerfbaren) Bestandes an jungen Künstlern bestätigt (ein Szenario, das durch den Generationsunterschied und den Zeitkauf, der die zentrale Idee von Andrew Niccols Science-Fiction-Film *In Time* aus dem Jahr 2011 ist, wirksam persifliert wird).«[17]

Wir können behaupten, dass der Akademismus, der sich in den Werken von Künstlern wie Piloty und Makart manifestierte, die im 19. Jahrhundert Raffael bzw. Rubens wiederholten, im Wesentlichen derselbe ist wie der zeitgenössische Akademismus, der sich in den Werken zeitgenössischer Künstler:innen manifestiert, die die Kunst des 20. Jahrhunderts wiederholen. Folglich müssen die Kunstakademien heute nach dem Prinzip der geringsten Veränderung jene aufstrebenden Künstler:innen bevorzugen und unterstützen, die gewissenhaft und mit minimalen Änderungen die Kunst des vergangenen Jahrhunderts reproduzieren.

17) Suhail Malik, »Forever Young: A Short Guide to Some Paradoxes of Contemporary Art« in: *Art Review*, 2015, https://artreview.com/features/jan_feb_2015_feature_forever_young/ (abgerufen 28. 5. 2024)

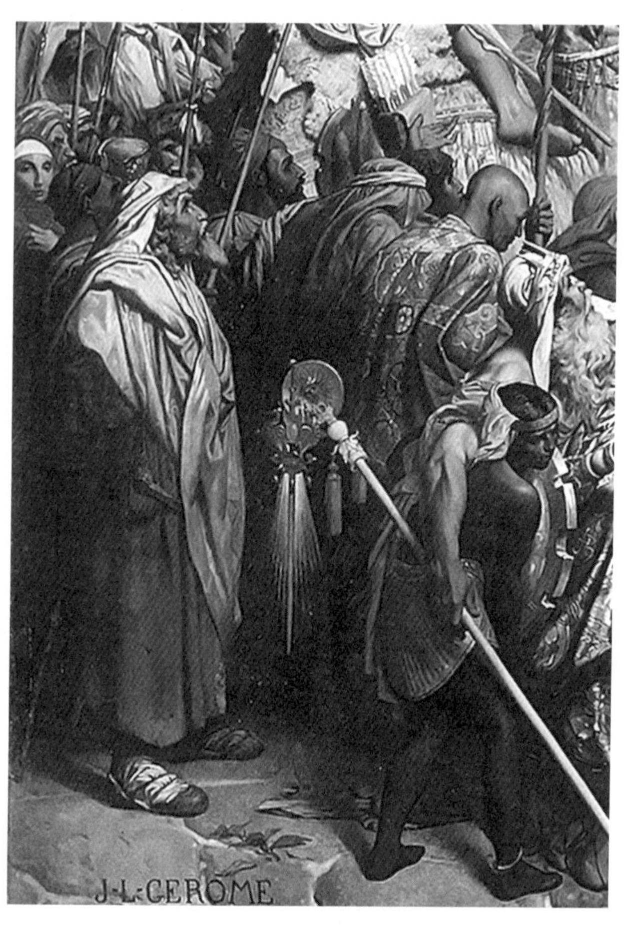

Jean-Leon Gerome, *The Age of Augustus*
the Birth of Christ (6/10)

KERNBESTANDTEILE DES NORMATIVEN SYSTEMS

Neben den Kunstakademien wird der zeitgenössische Akademismus durch ein Netz von Institutionen wie Museen, öffentliche Ausstellungsräume, Galerien, öffentliche, private und Unternehmens-sammlungen, Kunststiftungen, Kunstpreise, Stipendien, Festivals und Biennalen, Online- und Print-Zeitschriften oder Kunstmagazine getragen. Dies sind die Kernbestandteile des normativen Systems.

Bis heute ist das Museum eines der angesehensten dieser Kernkomponenten. Theoretisch sind die Museen jedoch nicht unbedingt verpflichtet, den akademischen Normen zu folgen oder sie zu bestätigen, auch weil sie eine unabhängige Leitung haben. Diese Leitung sollte zu einem souveränen ästhetischen Urteil fähig sein. In der Praxis scheint dies jedoch nicht der Fall zu sein. Einer der Gründe dafür ist das Aufkommen des Kurator:innenberufs als Karrieremöglichkeit. Ähnlich wie die einflussreichen Künstler dieser Zeit, die keine akademische Kunstausbildung hatten, mussten auch die Kurator:innen, die vor der Wiedereinführung des zeitgenössischen Akademismus einflussreich waren, nicht unbedingt eine formale Ausbildung in Kunstgeschichte haben (das Studienfach Curatorial Studies gab es noch nicht). Zwei der hierzulande bekanntesten Beispiele dürften Hans Ulrich Obrist und der 2024 verstorbene Kasper König sein, die beide keine

Kunsthistoriker sind. Im Gegensatz zu ihnen haben die meisten der heutigen Kurator:innen ein akademisches Kunstgeschichtsstudium absolviert, und genau deshalb sind sie wiederholt nicht bereit, ästhetische Urteile zu fällen. Das Fällen solcher Urteile gehört schlicht nicht zum Curriculum. Das scheint auf den ersten Blick paradox zu sein, aber wenn man die Kunstgeschichte als eine historische Wissenschaft begreift (was sie tatsächlich ist), wird es ganz offensichtlich. Streng genommen ist es nicht die Aufgabe der Geschichtswissenschaft, über die Akteure zu urteilen, die im Mittelpunkt ihrer Forschung stehen. Die Aufgabe der Geschichtswissenschaft ist es, alle relevanten Daten zu bewerten und den historischen Kontext so weit wie möglich zu rekonstruieren, um die von ihnen untersuchten Ereignisse zu verstehen. Das Urteil, das Historiker:innen über einen historischen Akteur fällen kann, kann sich nur auf dessen Einfluss auf die Nachwelt stützen. Das Problem besteht darin, dass dieser Einfluss im Falle der zeitgenössischen Kunst noch unbekannt ist. Daher kann ein Studium der Kunstgeschichte an sich keine ausreichende Qualifikation für die Aufgabe sein, ästhetische Urteile über die Kunst der Gegenwart zu fällen. (Ein kombiniertes Studium der Kunstgeschichte und der Philosophie mit Schwerpunkt Ästhetik wäre eine viel plausiblere Option.) Unter anderem aus diesem Grund, auf den ich später noch eingehen werde, sind Museumsdirektor:innen in der Regel stark von der akademischen Meinung abhängig, die in Form von Stipendien, Auszeichnungen und informellen Empfehlungen von Kunstprofessor:innen vermittelt wird.

Alle oben genannten Komponenten gehörten zu den Kernbestandteilen des normativen Systems der akademischen Kunst im 19. Jahrhundert. Der renommierteste Kunstpreis, der von der *Académie Royale de Peinture et de Sculpture* 1663 ins Leben gerufen wurde, war der *Prix de Rome*. Er kann als der Prototyp der Residenzprogramme angesehen werden, die auch im institutionellen System des zeitgenössischen Akademismus eine wichtige Rolle spielen. Zu den Kriterien für die Zulassung zu diesem Preis gehörten unter anderem, dass die Kandidaten Studenten der Akademie sein und von einem bekannten Professor empfohlen werden mussten. Es ist von symbolischer Bedeutung, dass der *Prix de Rome* 1968 als Folge der Studentenunruhen in Paris eingestellt wurde. Ab 1801 (dem Jahr, in dem Jean-Auguste-Dominique Ingres den Preis für Malerei gewann) bis 1968 war keiner der Künstler, die den Preis gewonnen hatten, Ingres ausgenommen, von historischer Bedeutung, obwohl eine beeindruckende Anzahl anderer Pariser Künstler eine entscheidende Rolle in der westlichen Kunstgeschichte jener 167 Jahre spielte.

Auch Kunsthändler wie Georg Plach spielten eine entscheidende Rolle bei der Verbreitung der akademischen Kunst ab Mitte des 19. Jahrhunderts. Im zeitgenössischen Akademismus sind die Galerien ihr Äquivalent. Die mächtigsten zeitgenössischen Galerien, von denen die meisten zwischen den

1960er und Ende der 1980er Jahre gegründet wurden, müssen ihrem Wesen nach dem Prinzip der geringsten Veränderung folgen (was das gemeinsame Gebot aller akademischen Kernkomponenten ist). Der Grund dafür ist, dass das Profil dieser Galerien und ihr Kunstbegriff zusammen mit der ersten Generation ihrer Künstler ausgereift sind. Da sie selbst auch einer früheren Generation angehören, können die Gründer:innen dieser Galerien natürlich keinen direkten Bezug zu einer mindestens 20 Jahre jüngeren Künstlergeneration haben. Außerdem hat »ihre Zeit« in den letzten 25 Jahren einen erheblichen finanziellen Wert erlangt, sodass sie es sich nicht einmal leisten könnten, eine solche Verbindung zu suchen. Deshalb müssen sich diese Galerist:innen in hohem Maße (wenn nicht sogar ausschließlich) auf Informationen über junge Künstler:innen verlassen, die bereits durch das akademische System gefiltert wurden, dem sie natürlich vertrauen, da mehrere Mitglieder der ersten Generation ihrer eigenen Künstler heute akademische Positionen innehaben. Um dieses Problem zu lösen, stellen die Galerien oft jüngere Kurator:innen als künstlerische Leiter ein. Diese Lösung führt jedoch zu der gleichen Situation, die wir oben im Hinblick auf die kuratorische Leitung der Museen erörtert haben. Es wäre plausibel, anzunehmen, dass junge Galerien am ehesten von den akademischen Normen abweichen. Tatsächlich erfordert der Betrieb einer Galerie heute (im Gegensatz zur zweiten Hälfte des 20. Jahrhunderts, als beispielsweise Kunstmessen noch keine so entscheidende Rolle im Kunstbetrieb spielten) einen enormen finanziellen Aufwand, über den junge Galerien in der Regel nicht verfügen, weshalb sie es sich nicht leisten können, unabhängig zu sein. Je schneller sie integriert sind, desto eher können sie Einnahmen erzielen.

Die Sammlungen hingegen nehmen eine komplementäre Funktion zu den Galerien ein, nicht nur als Kunden, sondern sogar als Förderer der Arbeit ihrer Künstler:innen. In dieser Hinsicht ähnelt ihre Funktion derjenigen der privaten Salons im 19. Jahrhundert. In bestimmten Fällen präsentieren Privatsammlungen nicht nur die von ihnen erworbenen Werke in Privatmuseen, sondern sie investieren auch in die Produktion von Werken, die auf großen Kunstveranstaltungen wie Biennalen ausgestellt werden. Das Prestige, zu einer solchen Veranstaltung zugelassen zu werden, vervielfacht den finanziellen Wert der Werke der betreffenden Künstlerinnen und Künstler, einschließlich der Werke, welche Sammler:innen bereits erworben haben. Gleichzeitig festigt es den Platz der Künstler:innen im Rangsystem der zeitgenössischen akademischen Kunst. Die Biennalen fungieren praktisch als Zertifikat und schützen die Investition der Sammler:innen bis zu einem gewissen Grad davor, dass sie plötzlich an Wert verliert. Neben ihrer Unterhaltungsfunktion, die den Tourismus in der Region, in der sie stattfinden, ankurbelt, ist die Zertifikatsfunktion dieser großen Kunstereignisse der Vergangenheit der Hauptgrund für ihr Fortbestehen im 21. Jahrhundert.

Zuverlässig anzutreffende Besucher:innen dieser Veranstaltungen sind die Mitglieder der Kunstpresse, die ständig auf der Suche nach Inhalten sind. Akademische Kunst ist stets so konzipiert, dass sie für den aktuellen Kunstdiskurs direkt zugänglich ist, d. h. dass sie sich leicht als Inhalt eines vordefinierten und sich wiederholenden Diskurses über Kunst aufbereiten lässt. Die großen Ausstellungen der zeitgenössischen akademischen Kunst sind für die Mitglieder der Kunstpresse offensichtlich attraktiv, weil sie dort die besten Anbieter von Inhalten für ihre Zwecke finden können. Nietzsche hat 1871, in der Blütezeit des historischen Akademismus, den damaligen Zustand der bildenden Künste unverblümt zusammengefasst:

> »Während der Kritiker im Theater und Konzert, der Journalist in der Schule, die Presse in der Gesellschaft zur Herrschaft gekommen war, entartete die Kunst zu einem Unterhaltungsobjekt der niedrigsten Art, und die ästhetische Kritik wurde als Bindemittel einer eitlen, zerstreuten, selbstsüchtigen und überdies ärmlich-unoriginalen Geselligkeit benutzt, deren Sinn jene Schopenhauersche Parabel von den Stachelschweinen zu verstehen gibt; so dass zu keiner Zeit so viel über die Kunst geschwatzt und so wenig von der Kunst gehalten worden ist.«[18]

Es wäre überaus interessant zu wissen, was er sagen würde, wenn er heute noch lebte.

18) Friedrich Nietzsche, *Die Geburt der Tragödie oder Hellenismus und Pessimismus*, Hg. Karl-Maria Guth, Berlin 2016, S. 114

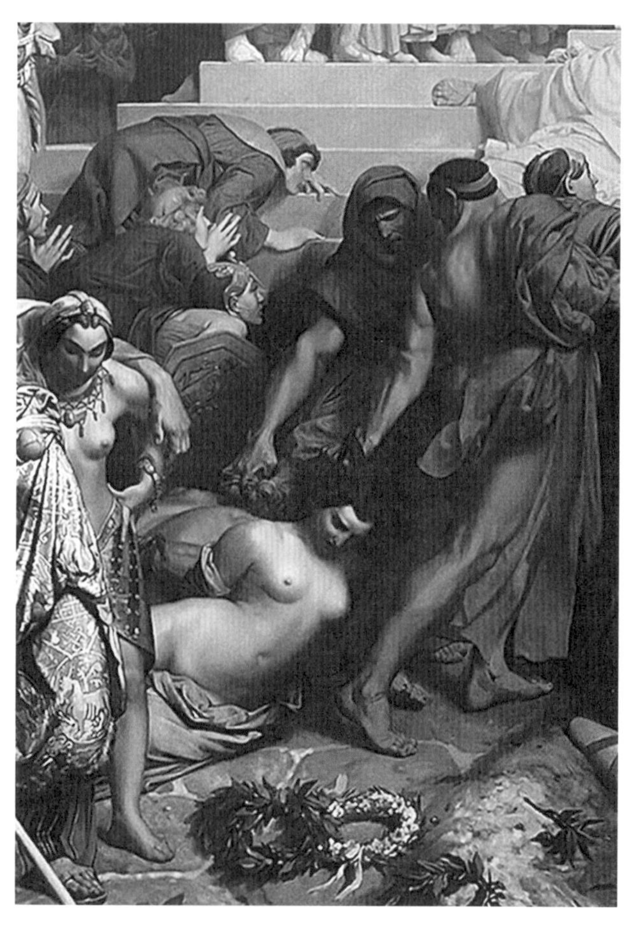

Jean-Leon Gerome, *The Age of Augustus the Birth of Christ* (7/10)

DIE NOTWENDIGKEIT EINES SYSTEMS GEGENSEITIGER BESTÄTIGUNGEN UND DER VERLUST DER INTUITION

Die Kernbestandteile des strukturellen Rahmens der zeitgenössischen akademischen Kunst stehen in einer Beziehung zueinander, die als System gegenseitiger Bestätigungen bezeichnet werden kann. Dieses System kann als eine Schleifen-kette der Bestätigungen beschrieben werden, die mehrere kleinere Rückkopplungsschleifen enthält. Das System kann wie folgt dargestellt werden: Die Akademie bestätigt die betreffenden aufstrebenden Künstler:innen (durch Auszeichnungen, Empfehlungen usw.), woraufhin eine renommierte Galerie die Möglichkeit einer Ausstellung bietet. Diese Ausstellung dient als weitere Bestätigung gegenüber den Sammler:innen. Das Werk in einer bekannten Galerie oder an einem renommierten Ort zu sehen, bedeutet, dass sie ein Produkt aus einer sicheren Quelle kaufen können, mit anderen Worten, dass diese:r bestimmte Künstler:in kein Scharlatan ist (selbst wenn das Werk genauso aussieht wie die Werke der zahllosen anderen Künstler:innen, die nicht von der Galerie oder dem Ort bestätigt werden). Nach dem Kauf kann die Sammlerin oder der Sammler das Werk in seinem Privatmuseum ausstellen, oder noch besser durch Spenden an öffentliche Museen (und Mitgliedschaft in deren Förderkreis) darauf hinwirken, dass diese öffentlichen Einrichtungen ebenfalls Werke des

Künstlers, der Künstlerin erwerben oder zumindest ausstellen. Diese Methoden waren auch in der Zeit des historischen Akademismus weit verbreitet.[19] Die Aufnahme in eine öffentliche Sammlung wirkt als verstärkende Rückkopplungsschleife gegenüber der Privatsammlung, der Galerie und der Akademie. Von diesem Zeitpunkt an besteht das vorrangige Interesse aller beteiligten Institutionen darin, den Wert ihres Eigentums zu steigern oder zumindest zu erhalten. Jetzt ist es für andere Institutionen und Sammler:innen viel sicherer, sich der Kette gegenseitiger Bestätigungen anzuschließen, und die Galerien oder Sammler:innen können beginnen, in die Förderung der Arbeit des Künstlers zu investieren, indem sie groß angelegte Produktionen für die großen Kunstveranstaltungen finanzieren. Diese Kunstereignisse zertifizieren dann die Arbeit der Künstler:innen als gültige Währung in der Branche, und diese Zertifizierung fungiert wiederum als positives Feedback gegenüber der Galerie, den Sammler:innen und der Akademie. Wenn sich also der Kreis schließt, wird die normative Autorität der Akademie gestärkt.

Diese Mechanismen sind alle allgemein bekannt. Die Frage ist, wozu diese Mechanismen überhaupt notwendig sind. Nach meinem Verständnis ist das System der gegenseitigen Bestätigungen eine direkte Folge des Prinzips der geringsten Veränderung. Meiner vorherigen Analyse zufolge müssen alle anerkannten Künstler:innen den Normen des zeitgenössischen Akademismus folgen, und diese Normen sind nach dem Prinzip der geringsten Veränderung festgelegt. Das bedeutet praktisch, dass alle anerkannten Künstler:innen mehr oder weniger nach denselben Regeln arbeiten, was zu einer laufend zunehmenden Uniformität in der Kunstproduktion führt. Dennoch ist diese Uniformität nicht sofort ersichtlich. Die akademische Kunst des 19. Jahrhunderts erschien dem Kunstpublikum ihrer Zeit ebenso vielfältig, wie es die akademische Kunst der Gegenwart für das Kunstpublikum der Gegenwart zu sein scheint. Die Ergebnisse der systematischen Rekombination vertrauter künstlerischer Strategien erscheinen unterschiedlich, und sie sind es auch. Der Unterschied zwischen ihnen ist jedoch nur ein Unterschied zwischen verschiedenen Vorführungen desselben Lieds. Deshalb bleibt die Illusion der Vielfalt des Akademismus nur so lange erhalten, bis ein intellektueller, sozialer und politischer Paradigmenwechsel stattfindet. Doch unabhängig von seiner verborgenen Natur macht die Gleichförmigkeit der künstlerischen Produktion den Begriff des ästhetischen Urteils unbrauchbar, denn der Begriff des Geschmacks beruht auf der Möglichkeit der Wahl. Wenn aber das Feld der Optionen einheitlich ist, wird die Wahl zwischen ihnen weitgehend irrelevant. Um sich jedoch selbst zu erhalten und die

19) Siehe: Pierre Bourdieu, »Manet: Eine symbolische Revolution«, Vortrag vom 17. Februar 1999, *Die Akademische Ästhetik*, Übersetzer Achim Russer und Bernd Schwibs, Berlin 2015, S. 212

Existenz seiner Kernbestandteile zu rechtfertigen, benötigt der institutionelle Rahmen des Akademismus immer noch einige Kriterien, die als Surrogat des Geschmacks fungieren. Dieses Surrogat, das den Begriff des Geschmacks und des ästhetischen Urteils ersetzt, ist das System gegenseitiger Bestätigungen. Daraus folgt, dass die Akteure des zeitgenössischen Akademismus weder Geschmack noch Intuition haben müssen. Hier ist kein ästhetisches Urteil nötig und die Werke, die gekauft oder ausgestellt werden, müssen praktisch nicht einmal angesehen werden, weil die Entscheidungen allein auf der Grundlage der Erfolgsbilanz der Künstlerin, des Künstlers getroffen werden können, d. h. auf Grundlage der jeweiligen Position im System der gegenseitigen Bestätigungen.

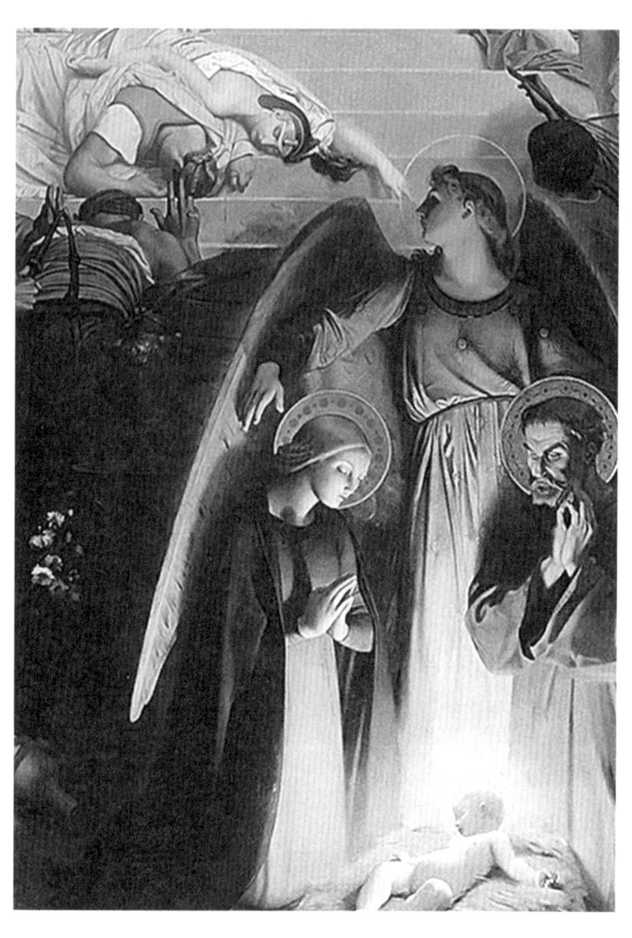

Jean-Leon Gerome, *The Age of Augustus the Birth of Christ* (8/10)

Da es sich beim Akademismus nicht um ein dauerhaftes ästhetisches Regelwerk handelt, sondern um ein normatives System, das von einem institutionellen Rahmen getragen wird, ist es von geringer Bedeutung, das aktuelle Vokabular des Akademismus zu analysieren. Aus diesem Grund habe ich nicht die Absicht, einen erschöpfenden Katalog zeitgenössischer Strategien in der akademischen Kunstproduktion zu erstellen, sondern werde mich darauf beschränken, einige Beispiele zu nennen.

Julian Stallabrass beschreibt eine der wichtigsten Methoden in der Produktion zeitgenössischer akademischer Kunst wie folgt:

> »Was diese neue Produktion am meisten charakterisiert, ist die Bewegung von vorgefertigten Objekten (oder zumindest leicht erkennbaren Objekten) und Zeichen von einem Ort zum anderen und ihre Zusammenstellung in neuartigen Rekonfigurationen.«[20]

Ich möchte hinzufügen, dass der Widerspruch zwischen den rekonfigurierten Objekten und den Materialien, aus denen sie bestehen, in diesem Prozess ebenfalls eine wichtige Rolle spielt. Stallabrass nennt

20) Julian Stallabrass, *Art Incorporated – A Story of Contemporary Art*, Oxford 2014, S. 155

als Beispiel die goldenen Einkaufswagen von Sylvie Fleury, und davon ausgehend könnten wir als Gedankenspiel zahlreiche Kunstwerke schaffen, wie z. B. eine Europalette aus Eichenholz, ein Kissen aus Beton, ein Hochsprungbalken aus Keramik oder einen großformatigen Feuerlöscher, der aus Blöcken von Kaminkohle besteht. Bei letzterem handelt es sich sogar um eine Kombination aus zwei Methoden, denn er bedient sich auch der Vergrößerung von Alltagsgegenständen, einer weiteren, seit der Pop-Art bekannten Methode. Einige dieser Werke existieren bereits, andere habe ich mir ausgedacht, aber es ist gut möglich, dass sie auch irgendwo existieren.

Eine andere Formel besteht darin, einen Alltagsgegenstand in einer so großen Menge zu präsentieren, dass die schiere Menge der Objekte zu einem Spektakel wird. Diese Geste soll in der Regel eine Bedeutung offenbaren, die in diesen Gegenständen verschlüsselt ist und in den meisten Fällen willkürlich zu sein scheint. Einige Beispiele: eine Installation aus zehntausend Fahrrädern, zweihundert an einer Wand montierten Computerscanner, zweitausend Autoreifen, die zu einem Labyrinth angeordnet sind, ein Turm aus dreihundert Bürotischen usw. Wiederum existieren einige dieser Beispiele tatsächlich als Werke der zeitgenössischen akademischen Kunst, andere habe ich mir ausgedacht. Stallabrass fasst das Hauptmerkmal dieser Werke folgendermaßen zusammen:

»Vom Standpunkt der einzelnen Projekte der Künstler aus betrachtet, sind diese Werke vielfältig, unterschiedlich und persönlich, und jedes kann eine besondere Bedeutung haben. Aus der Sicht der Kunstwelt als System erscheinen sie als Bestandteile einer einheitlichen Maschine, die eine große Bandbreite neuartiger Kombinationen hervorbringt, die in verschiedenen Publikumsschichten auf ihre vermarktbare Bedeutung getestet werden.«[21]

Ich habe diese Beispiele gewählt, weil sie als Demonstration des Prinzips der geringsten Veränderung dienen können. Die Blaupause all dieser Produkte finden wir in der konzeptionellen Kunst des 20. Jahrhunderts als Readymade, und auch in der Pop-Art, die eine weitere herausragende künstlerische Bewegung des vergangenen Jahrhunderts ist. Dem Prinzip der geringsten Veränderung folgend, rekonfigurieren diese erdachten oder tatsächlichen Werke die erfolgreiche Kunst des 20. Jahrhunderts, um ihre formalen Eigenschaften für den zeitgenössischen Konsum anzupassen.

Da die formalen Normen des zeitgenössische Akademismus medienspezifisch sind, könnten wir die Aufzählung der akademischen Methoden der zeitgenössischen Kunstproduktion mit den Modi der Präsentation fortsetzen, etwa die installative Umgebung für ein Einkanal-Video oder die Aufführ-

21) Ebd., S. 160

rung einer Performance, die ein Ensemble von Darstellern erfordert und damit das experimentelle Theater der 1960er und 1970er Jahre wiederholt, usw. Dennoch halte ich es an dieser Stelle für wichtiger, einen anderen Aspekt der Normen des zeitgenössischen Akademismus zu beleuchten. Es gibt bestimmte Normen im zeitgenössischen Akademismus, die medienübergreifend gültig sind. Das sind die Normen, die den thematischen Umfang der Kunstproduktion regeln. Die entscheidende Rolle thematischer Normen kann als eine weitere strukturelle Gemeinsamkeit zwischen dem historischen und dem zeitgenössischen Akademismus betrachtet werden. Im historischen Akademismus des 19. Jahrhunderts gehörten beispielsweise mythologische Geschichten, historische Ereignisse, orientalische Exotismen oder auch Naturlandschaften zu den bevorzugten Motiven, während Darstellungen von Industriemaschinen, Fabrikarbeitern oder Wäscherinnen nicht beliebt waren. Die thematischen Normen des historischen Akademismus dienten der Aufrechterhaltung des Status quo, indem sie jede mögliche Konfrontation mit der gesellschaftlichen Realität vermieden. Die thematischen Normen des zeitgenössischen Akademismus befinden sich im entgegengesetzten Spektrum. Sie sind stark politisiert, oft mit einem Schwerpunkt auf sozialem Bewusstsein. Dennoch spielen sie durch die Kommerzialisierung jeglicher Forderung nach gesellschaftlicher Veränderung (auf dem Kunstmarkt) und durch die Eindämmung dieser Forderungen (als symbolische Gesten der institutionalisierten Kunst) die gleiche strukturelle Rolle wie ihre historischen Vorgänger. Deshalb sind neben den formalen auch einige der thematischen Normen des zeitgenössischen Akademismus erwähnenswert. Wie oben dargelegt, ist im zeitgenössischen Akademismus die unmittelbare Zugänglichkeit der Werke für den aktuellen Kunstdiskurs von entscheidender Bedeutung. Das Thema des Werks ist der plausibelste Teil, der zu diskutieren ist, deshalb spielt das Thema eine so wichtige Rolle bei der Bewertung der Bedeutung des Werks. Die Reflexion des Werks über sein eigenes Medium ist beispielsweise ein sehr beliebtes Thema, denn es gibt eine große Anzahl von seit Langem etablierten Formulierungen für die Interpretation solcher Werke seit dem 20. Jahrhundert. (Eine großformatige Fotoserie von Einzeldias, die immer an der gleichen Stelle an einem Fenster befestigt sind, sodass der Betrachter sowohl das Markenlogo auf dem Rahmen des Diapositivs und die abgebildeten Szenen (vermutlich alte Familienfotos, um die private Mythologie der Künstler:in zu unterstreichen) als auch die leicht verschwommene Aussicht aus dem Fenster sehen kann, sodass er zusätzlich den Wechsel der Jahreszeiten beobachten kann, könnte ein naheliegendes Beispiel für ein solches Werk sein.) Eine weitere thematische Norm ist erfüllt, wenn das Werk einen Bereich aktueller politischer Fragen abdeckt, seien es lokale Spannungen oder Kriege oder jede Art von sozialen Problemen einschließlich der Identitätspolitik. Damit ist die Wahrscheinlichkeit, dass ein Werk als wichtig bewertet wird, sehr viel größer. Der Grund dafür liegt in einem Kunstbegriff, der im 20. Jahrhundert aufkam und auf der Überzeugung beruht, dass Kunst in der Lage ist, Veränderungen in der Gesellschaft herbeizuführen. Aus der Perspektive des 21. Jahrhunderts könnte man jedoch auch argumentieren, dass es genau umgekehrt ist. Die einzig mögliche Kunst zu einem bestimmten Zeitpunkt in der Geschichte ist die Kunst, die von der Gesellschaft ermöglicht wird. (Selbst wenn sie offiziell verboten ist, beweist die Existenz eines Kunstwerks, dass es unter den gegebenen sozialen und politischen Umständen möglich war, es zu schaffen.) Wie die *Shitlers*, eine deutsche Punkband aus Bochum, es ausdrücken: »Jede Stadt hat die Punkband, die sie verdient.«

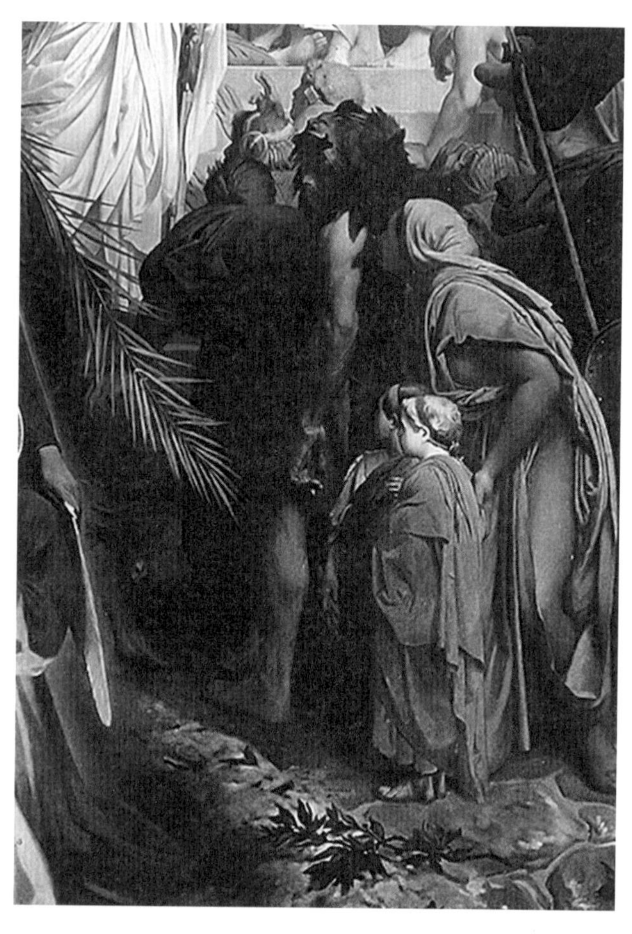

Jean-Leon Gerome, *The Age of Augustus the Birth of Christ* (9/10)

IDENTITÄTSKUNST ALS AKADEMISCHE GATTUNG

Wie ich bereits erwähnt habe, lassen sich praktisch alle populären Genres der zeitgenössischen Kunst aus dem System des zeitgenössischen Akademismus ableiten, daher werde ich nicht versuchen, sie einzeln herauszupräparieren. Ich möchte hier vielmehr ein anschauliches Beispiel herausgreifen, das als Formel für die Ableitung aller anderen Gattungen dienen kann. Die Identitätskunst ist ein mehr als überaus geeigneter Kandidat für diesen Zweck, vor allem wegen ihrer inhärenten akademischen Eigenschaften.

Ich beginne die Herleitung mit der Wiederholung meiner ersten Aussage über akademische Kunst. Nämlich, dass akademische Kunst, egal wie sie aussieht, immer die Kunst des aktuellen Status quo ist. Das Aufkommen der Identitätskunst als akademisches Genre ist nichts anderes als eine logische Konsequenz dieser Aussage. Lange Zeit bedeutete die Aufrechterhaltung des Status quo den Ausschluss von Minderheiten und Frauen aus dem künstlerischen Diskurs. Der akademische Apparat, als normatives System, spielte eine entscheidende Rolle bei ihrem Ausschluss. Um den systemischen Charakter der akademischen Unterdrückung aufzuzeigen, genügt es, an die Tatsache zu erinnern, dass Frauen ausdrücklich nicht für den *Prix de Rome* zugelassen waren. Die Empfehlung einer farbigen Person (z. B. aus den französischen Kolonien) war so unwahrscheinlich, dass sich die Institutionen nicht einmal die Mühe machten, ein ausdrückliches Verbot für diesen Fall auszusprechen. Im Laufe der zweiten Hälfte des 20. Jahrhunderts mussten jedoch bestimmte soziale und politische Veränderungen (die u. a. zur Abschaffung des *Prix de Rome* infolge der Pariser Studentenunruhen 1968 führten) auch im akademischen System berücksichtigt werden. Der Widerspruch lag auf der Hand: Das akademische System hätte sich an der Veränderung des Status quo beteiligen müssen, den es eigentlich bewahren wollte. Dies hätte natürlich die Existenz seines gesamten institutionellen Rahmens sinnlos gemacht. In den folgenden Jahrzehnten nahm der zeitgenössische Akademismus als Ergebnis dieses Widerspruchs Gestalt an. Im zeitgenössischen Akademismus soll der Status quo nicht durch ausdrückliche Ausgrenzung bewahrt werden. Im Gegenteil, die Institutionen des zeitgenössischen Akademismus operieren stets mit einer Rhetorik der Inklusion. Aus diesem Grund ist die Identitätskunst zu einem so wichtigen Genre geworden. Sie dient der rhetorischen Zurschaustellung von Inklusion und eignet sich gleichzeitig hervorragend für die Isolierung bestimmter Künstler von anderen Bereichen des künstlerischen Diskurses. Im zeitgenössischen Akademismus dürfen auch Frauen und Angehörige jeglicher Minderheiten am Diskurs teilnehmen, unter einer impliziten Bedingung: dass ihre eigene geschlechtliche, nationale, sexuelle, ethnische, religiöse usw. Identität im Mittelpunkt ihrer Arbeit steht.

Mit anderen Worten: Nach der Logik des zeitgenössischen Akademismus ist das Werk eines queeren palästinensischen Künstlers nur dann interessant, wenn es sich um die queere und palästinensische Identität des Künstlers dreht. Dieselbe Logik lässt sich auch auf Künstlerinnen und People of Color anwenden. Es ist auch ziemlich aufschlussreich, dass die seltenen Ausnahmen von dieser Faustregel immer zum selben Bereich gehören: der Malerei. Im Bereich der Malerei müssen Frauen und Angehörige von Minderheiten nicht immer auf ihre Geschlechtsidentität, sexuelle Orientierung oder Hautfarbe reduziert werden. Ich vermute, das liegt vor allem am Mythos des »wilden Talents des Instinkts«, einer besonderen Art von Talent, welches angeblich keine abstrakte intellektuelle Reflexion erfordert. Dieses Phänomen ist der Position schwarzer Musiker im Bereich der klassischen Musik sehr ähnlich. Während sich leicht zahlreiche bekannte schwarze Opernsängerinnen und -sänger benennen lassen (Jessye Norman, Danielle de Niese oder Derek Lee Ragin zum Beispiel), ist es viel schwieriger (wenn nicht gar unmöglich), schwarze Soloviolinisten oder Pianisten von gleichem Rang zu finden. Wir müssen uns die plausible Frage stellen, was der Grund für dieses Ungleichgewicht in der Vertretung schwarzer Musiker in den verschiedenen Bereichen der klassischen Musik ist. Vielleicht sind schwarze Musiker im Gesang begabter als im Spiel anderer Instrumente? Wahrscheinlich nicht. Es ist viel wahrscheinlicher, dass der Grund dafür in der Tatsache liegt, dass der Gesang traditionell als eine »instinktive«, performative Domäne angesehen wird (zahllos sind die Legenden und Klatschgeschichten über große Opernsänger, die keine Noten lesen konnten). Aus diesem Grund werden schwarze Musiker in diesem Bereich eher akzeptiert, während sie aus dem traditionell intellektuellen Bereich der Konzertpianist:innen noch immer weitgehend ausgeschlossen sind. Natürlich könnte die relative Unterrepräsentation schwarzer Musiker unter den Konzertpianist:innen auch auf ihren finanziellen Hintergrund zurückzuführen sein. Die Anschaffung eines Klaviers ist eine Investition, die man sich leisten können muss, während das Singen keine solchen Kosten verursacht. Es gibt jedoch unzählige Beispiele für schwarze Pianist:innen im Bereich der populären Musik. Daher können wir argumentieren, dass ihre relative Unterrepräsentation in der klassischen Musik nicht mit den finanziellen Bedingungen zu erklären ist. In der zeitgenössischen akademischen Welt der bildenden Kunst können wir also dieselbe Dynamik beobachten. Hin und wieder werden People of Color also auch im Bereich der Malerei akzeptiert, ohne dass sie ihre ethnische Identität in ihrem Werk direkt betonen müssen. In anderen Bereichen, die angeblich »konzeptionell anspruchsvoller« sind, werden Kunstwerke, welche von Angehörigen von Minderheiten und Frauen geschaffenen wurden, hauptsächlich als Identitätskunst akzeptiert. Der zeitgenössische Akademismus hat ein Genre geschaffen, das wie ein isolierter Sandkasten für bestimmte Künstler:innen funktioniert. Solange sie den traditionellen philosophischen und künstlerischen Diskurs nicht stören oder infrage stellen, sind ihnen Stipendien, Ausstellungen und Auszeichnungen für ihre Leistungen in dem isolierten Bereich der Identitätskunst gerne zugestanden, während der Status quo im Wesentlichen intakt bleibt, Identitätskünstler sollten es also nicht wagen, mit den Schäufelchen und Förmchen der anderen Kunstgattungen zu hantieren.

Es ist wichtig festzuhalten, dass die oben beschriebene Logik auch zur Verstärkung einer anderen grundlegenden Komponente des Akademismus führt. Durch die Reduzierung des künstlerischen Diskurses auf eine sich wiederholende Erörterung von Rasse, Religion und Geschlecht folgt die Identitätskunst streng dem Prinzip der geringsten Veränderung. Von Identitätskünstlern wird keine künstlerische oder konzeptionelle Innovation erwartet. Der wichtigste Aspekt ihrer Funktion im zeitgenössischen Akademismus besteht darin, dass sie den Anschein eines permanenten Fortschritts und einer Revolution aufrechterhalten, indem sie die konzeptuellen Referenzen und performativen Gesten der Kunst der zweiten Hälfte des letzten Jahrhunderts aufarbeiten und leicht aktualisieren. Zum Beispiel in Form von performativer Selbstverletzung, aber diesmal mithilfe von nationalen Symbolen, oder durch die Objektivierung des nackten Körpers der Künstler:innen als Exponat, aber diesmal als Protest gegen den Kolonialismus oder das Patriarchat, etc. Auf diese Weise ermöglichen Künstler:innen es dem zeitgenössischen Akademismus, jede wirkliche Herausforderung des Status quo abzuwehren.

Es handelt sich um eine heikle Situation, die ziemlich schwer in den Griff zu kriegen ist. Sie erfordert ein differenziertes Denken auf mehreren Ebenen. Die Schaffung komplexer Kunstwerke, die die Fragen von Geschlecht, Rasse und Identität einschließen, aber nicht auf diese Fragen reduziert werden können. Dies könnte ein konstruktiver Schritt in die richtige Richtung sein.

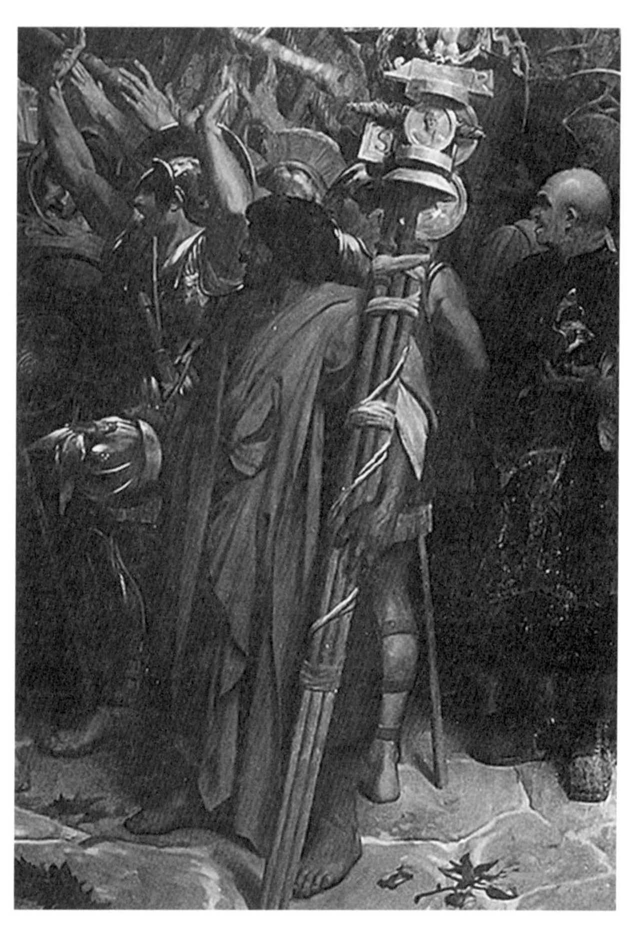

Jean-Leon Gerome, *The Age of Augustus the Birth of Christ* (10/10)

AKADEMISCHE KUNST UND KAPITALISMUS

Es ist kein Zufall, dass der Aufstieg des historischen Akademismus mit dem Aufkommen des Industriekapitalismus zusammenfiel. Eine Sammlung von Werken populärer europäischer Künstler wurde zu einem Muss für jene Mitglieder der Unternehmerklasse, die in die Reihen der kosmopolitischen High Society aufsteigen wollten, die bis dahin der Adel dominierte. Dies führte zu einem Wettbewerb um die Werke bekannter akademischer Künstler zwischen den neuen Millionären und dem Adel, der die Preise ins Unermessliche steigen ließ. Die neuen Industriemagnaten der Vereinigten Staaten – wie die Eisenbahnmagnaten Jay Gould und John Taylor Johnson, der Kohle- und Eisenmagnat William Thompson Walters und Catharine Lorillard Wolfe, die Erbin eines New Yorker Kaufmanns und Immobilienentwicklers – spielten eine wichtige Rolle bei der Steigerung und Aufrechterhaltung der Preise auf dem Markt für akademische Kunst. Es war auch der bereits erwähnte amerikanische Unternehmer Alexander Turney Stewart, der 1876 ein Gemälde von Jean-Léon Gérôme mit dem Titel *Circus Maximus (The Chariot Race)* für einen neuen Rekordpreis von 125.000 Francs (29.000 $) in Auftrag gab. Als das industrielle Kapital auf dem Kunstmarkt ankam, wurde die Kunst selbst zu einer Industrie.

Die Kunstindustrie, die den historischen Akademismus im 19. Jahrhundert hervorgebracht hat, weist eine deutliche strukturelle Ähnlichkeit mit der Kunstindustrie auf, die den zeitgenössischen Akademismus heute hervorbringt. Nicht nur in Bezug auf die Ausbildung und die Produktion, sondern auch in Bezug auf die Vermarktung und den Vertrieb. Adolphe Goupil zum Beispiel war ein Verleger, der seinen Zugang zu den Bildreproduktionstechnologien seiner Zeit effizient nutzte, um die Arbeit seiner Künstler zu fördern. Seine Praxis trug wesentlich zur Etablierung der Marke Jean-Léon Gérôme in den Vereinigten Staaten bei. In einer von Goupil organisierten Marketingkampagne wurden grafische Reproduktionen von Gérômes Werken in den Schaufenstern der Druckereien an der Ostküste ausgestellt. Ziel der Kampagne war es, die amerikanischen Sammlerinnen und Sammler mit den verfügbaren Gemälden des Künstlers bekannt zu machen, lange bevor diese tatsächlich auf dem Kontinent ankamen. Diese Marketingstrategie war nicht unähnlich der heutigen permanenten und gezielten Online-Verbreitung von Fotos, die spektakuläre Signaturprodukte der größten Marken des zeitgenössischen Akademismus zeigen. Häufig beginnt die Zirkulation solcher Fotos auf den Social-Media-Seiten der Galerien, auch wenn das Produkt nicht in der Galerie, sondern beispielsweise in einer Institution ausgestellt wird. Die Abbildung wird dann schnell von den Followern der Galerie, den Künstler:innen selbst oder ihren Sammler:innen, weiterverbreitet.

Das Online-Bildmaterial wird auffallend oft auf Biennalen für zeitgenössische Kunst aufgenommen, die (unter anderem) als Werbeveranstaltungen für zeitgenössische akademische Kunst fungieren. Diese Veranstaltungen sind die direkten Nachfahren der Weltausstellungen oder Expos des 19. Jahrhunderts. In der Periode des historischen Akademismus waren Weltausstellungen internationale Ausstellungen, die die kulturellen und technologischen Errungenschaften der Welt zusammen mit nationaler Konkurrenz präsentierten. Weltausstellungen waren integrale Bestandteile des Systems der gegenseitigen Bestätigungen und spielten die gleiche strukturelle Rolle eines Qualitätszertifikats, die Kunstfestivals und Biennalen im zeitgenössischen Akademismus spielen. Eine Einladung zur Weltausstellung war in der Zeit des historischen Akademismus ein ebenso wichtiger Meilenstein in der Karriere eines Künstlers, wie es eine Einladung zur *Biennale von Venedig* für die akademischen Künstler von heute ist. Letztere, gegründet 1895, wurde nachdem sie sich von ihrer Vorgängerin, der Kunstsektion der Weltausstellung, emanzipiert hatte, während des gesamten letzten Jahrhunderts zu einem der wichtigsten Kunstevents der Welt. Ähnlich wie die Weltausstellungen des 19. Jahrhunderts ist die *Biennale von Venedig* nach wie vor auf nationaler Ebene organisiert. An dieser Stelle sei angemerkt, dass dieses Konzept im 21. Jahrhundert weit weniger »fortschrittlich« ist als zur Zeit der Entstehung der Nationalstaaten. Selbstverständlich erhielten sowohl Jean-Léon Gérôme als auch Hans Makart die Möglichkeit, ihre Werke auf der Weltausstellung 1867 bzw. 1878 zu präsentieren. Beide erhielten die Ehrenmedaille der Weltausstellung, eine hoch angesehene Auszeichnung, die der funktionale Vorläufer des Goldenen Löwen der *Biennale von Venedig* war.

Eine weitere Parallele zwischen dem historischen und dem zeitgenössischen Akademismus ist die Ähnlichkeit zwischen den einflussreichen Kunsthändlern des 19. Jahrhunderts, die international und auf zwei Kontinenten tätig waren – wie Goupil, der seinen Hauptsitz in Paris hatte, dessen Galerie aber eine Zweigstelle in New York unterhielt, oder Ernest Gambart, der sowohl in Europa als auch in den Vereinigten Staaten groß angelegte Ausstellungen organisierte – und den sogenannten Blue-Chip- und Mega-Galerien von heute. Kommerzielle Kunstunternehmen dieser Größenordnung wären ohne das Aufkommen des Industriekapitalismus nicht möglich gewesen, der nicht nur eine neue Gruppe wohlhabender Kunstkonsumenten hervorbrachte, sondern auch die technische Infrastruktur wie Eisenbahnen und Dampfschiffe bereitstellte, die für die Aufrechterhaltung der Logistik der Lieferkette erforderlich waren.

In der Tat prägte der Kapitalismus die Vermarktung und den Vertrieb der historischen akademischen Kunst ebenso wie bei ihrem zeitgenössischen Nachfolger. Der Kapitalismus brachte jedoch eine weitere strukturelle Veränderung mit sich, die für die Entwicklung sowohl der historischen als auch der zeitgenössischen akademischen Kunst eine noch entscheidendere Rolle spielte, nämlich eine Veränderung der Funktion der Kunst. Neben ihren quasireligiösen, ornamentalen, repräsentativen und propagandistischen Funktionen stattete der Kapitalismus die Kunst mit zwei neuen Funktionen aus: der Funktion der spekulativen Investition und der Funktion der Massenunterhaltung. 1963 gründete eine Gruppe westdeutscher Künstler eine neue künstlerische Bewegung unter dem Namen »kapitalistischer Realismus«. Es handelte sich offensichtlich um eine Reaktion auf den »sozialistischen Realismus«, der in den kommunistischen Ländern der offizielle Stil war. Auch wenn ihre Bildsprache der Pop-Art sehr viel näher stand und man sagen könnte, dass sie eine kritische Haltung gegenüber dem Kapitalismus einnahm, ist der funktionale Unterschied zwischen dem kapitalistischen Realismus und seinem kommunistischen Pendant derjenige, der seinen Namen im Nachhinein so passend macht. Im Rahmen des sozialistischen Realismus war es die Aufgabe des Künstlers, ideologische Staatspropaganda zu produzieren, während im Rahmen des kapitalistischen Realismus die Aufgabe des Künstlers darin besteht, einen spekulativen Vermögenswert mit Investmentqualität zu produzieren, der von Natur aus ohne jeden ideologischen Inhalt ist (unabhängig von der Absicht des Künstlers). In der Tat ist das einzige Merkmal, das die heutige Kunstindustrie von der Unterhaltungsindustrie unterscheidet, das Merkmal der spekulativen Anlage.

Ansonsten steht sie in puncto Entertainment durch die Verbreitung von öffentlichen Kunstorten, Eröffnungen, Kunstveranstaltungen, Zeitschriften, Kunstblogs usw. der Unterhaltungsindustrie in nichts nach. Die Kunden der großen Kunsthändler des 19. Jahrhunderts und die Kunden der heutigen Mega-Galerien wurden und werden durch dieselbe Erwartung dazu veranlasst, für Werke akademischer Künstler:innen überhöhte Preise zu zahlen. Wie bei allen anderen spekulativen Vermögenswerten auf der Welt war und ist die Erwartung, dass der finanzielle Wert von Kunstwerken im Laufe der Zeit steigt. Frühe Investoren, die diese Werke zu Lebzeiten der Künstler weiterverkauften, wurden für ihre Investitionen hoch belohnt, während diejenigen, die ihre akademischen Kunstwerke nach dem Tod der Künstler verkauften, ein schlechtes Geschäft machten: wie die Erben von Alexander Turney Stewart, die für Gérômes *Circus Maximus* nur noch ein Viertel des ursprünglichen Preises erzielen konnten. Es ist anzunehmen, dass die Bewertung der zeitgenössischen akademischen Kunst einem ähnlichen Muster folgen wird.

Es lässt sich nun feststellen, dass das Prinzip der geringsten Veränderung für die Kunstsammler:innen der Unternehmerklasse im 19. Jahrhundert aus diesen spezifischen Gründen eine Notwendigkeit war: ihr Streben nach Aufnahme in die von europäischen Aristokraten dominierte High Society und das übliche Risikomanagement, das bei Investitionen in Kunst als Spekulationsobjekt erforderlich ist.

Letzteres bedeutete vor allem, Unvorhersehbarkeit zu vermeiden und in institutionell anerkannte Produzenten zu investieren. Es ist auch der Grund dafür, dass das Prinzip der geringsten Veränderung im System des zeitgenössischen Akademismus respektiert wird. Dieses Phänomen ist jedoch nicht auf die Kunstwelt beschränkt, sondern lässt sich in allen Bereichen der kreativen Industrie des Spätkapitalismus beobachten. Hollywood-Blockbuster zum Beispiel werden ebenfalls von Fortsetzungen, Remakes und Spin-offs dominiert, also dem Rückgriff auf vorangegangene Jahrzehnte. Und je höher das Budget des Films, desto geringer die Abweichung von den bewährten Formeln. Das Überangebot an Superheldenfilmen, das durch die endlose Expansion des sogenannten »Cinematic Universe« von Marvel und DC Comics entstanden ist, ist ein typisches Beispiel für dieses Phänomen.

Das Bestreben der Investoren, die Risiken ihrer Investition zu mindern, führt dazu, dass sich die gleichen Ideen wiederholen, wenn auch jedes Mal mithilfe der neuesten Technologie. Dies gilt sowohl für den historischen Akademismus als auch für seine zeitgenössische Version. Dennoch ist dies nicht der einzige Grund, warum das Prinzip der geringsten Veränderung in der zeitgenössischen akademischen Kunstwelt respektiert wird. In seinem Buch *Capitalist Realism* definiert Mark Fisher den titelgebenden Begriff in einem viel breiteren Sinne als die gleichnamige Kunstbewegung, welche in der Düsseldorfer Kunstszene in den 60er Jahren entstand. Letztere wurde nach einer Ausstellung und Performance von 1963 mit dem Titel *Leben mit Pop – eine Demonstration für den kapitalistischen Realismus* benannt.[22] In der Veranstaltung waren die Werke von Konrad Lueg und Gerhard Richter zu sehen, und der Begriff »kapitalistischer Realismus« war im Wesentlichen eine ironische Anspielung sowohl auf die Staatskunst der DDR als auch auf die aufkommende Konsumkultur in Westdeutschland. Fisher hingegen beschreibt den Begriff als »[…] das weit verbreitete Gefühl, dass der Kapitalismus nicht nur das einzige lebensfähige politische und wirtschaftliche System ist, sondern dass es auch unmöglich ist, *sich* eine kohärente Alternative zu ihm *vorzustellen*«.[23] Die Perspektive der Produktivität im Sinne der Rentabilität ist die einzig realistische. Jeder Vorschlag für eine andere Perspektive wird als unrealistisch diskreditiert, noch bevor er überhaupt in Erwägung gezogen werden kann. Daher ist es scheinbar unmöglich, irgendetwas aus einem neuen Blickwinkel zu betrachten, und »Der Fokus verlagert sich von der nächsten großen Sache auf die letzte große Sache – wie lange ist sie her und wie groß war sie?«[24] Es ist leicht zu erkennen, wie gut diese Beobachtung auf den zeitgenössischen Akademismus zutrifft. Nach dem Prinzip der geringsten Veränderung passen zeitgenössische akademische Künstler:innen einst radikale künstlerische Gesten aus dem letzten Jahrhundert an zeitgenössische Technologien an und verwenden sie als formale Sprache. Diese formale Sprache wurde entwickelt, um das Märchen des

20. Jahrhunderts über Kunst, die die Gesellschaft verändern kann, neu zu erzählen. Es stellt sich jedoch heraus, dass der Glaube an diese Erzählung genau das ist, was der Quasi-Ideologie des kapitalistischen Realismus hilft, jede ernsthafte Forderung nach Veränderung zu neutralisieren. Mark Fishers Behauptung über den Film *Wall-E* ist genauso gültig, wenn man sie auf die zeitgenössische akademische Kunst anwendet: Sie »[...] führt unseren Antikapitalismus für uns aus und erlaubt uns, ungestraft weiter zu konsumieren«.[25] Neben der Neutralisierung der Forderungen nach gesellschaftlichem Wandel, durch deren Eingrenzung in den künstlerischen Bereich, besteht die andere wichtige Funktion der zeitge-

22) Susane Küper, »Kuttner – Lueg – Polke – Richter. Kapitalistischer Realismus? New Vulgarism? Antikunst? ... Düsseldorf und andere Orte. Versuch einer Rekonstruktion«, in: *Düsseldorfer Avantgarden. Persönlichkeiten, Bewegungen, Orte*, Hg. Arbeitsgemeinschaft 28 Düsseldorfer Galerien, Düsseldorf 1995, S. 55

23) Mark Fisher, *Capitalist Realism*, London 2009, S. 2

24) Ebd., S. 3. »The focus shifts from the Next Big Thing to the last big thing — how long ago did it happen and just how big was it?« Was Fisher hier meint, ist eine gewisse Nostalgie gegenüber den »großen« künstlerischen (und sozialen) Bewegungen der Vergangenheit. Das waren die letzten »großen Sachen«, und das unaufhörliche Erzählen über sie und ihre endlose Wiederverwertung macht jede neue Initiative unmöglich.

25) Ebd., S. 12

nössischen akademischen Kunst darin, alle möglichen Begriffe oder Ideen, die den Kapitalismus infrage stellen könnten, zur Ware zu machen. Die zeitgenössische akademische Kunst ist eines der effizientesten Werkzeuge des kapitalistischen Realismus, um den Diskurs über die vom Kapitalismus ausgelösten Krisen – wie die Wohnungs-, die Klima- oder die Migrationskrise, die allesamt wiederkehrende Themen im Bereich der zeitgenössischen akademischen Kunst sind – zu verwerten und daraus Kapital zu schlagen. Sie kann aber auch noch weiter gehen. Das akademische Genre der Identitätskunst zum Beispiel erleichtert sogar die Kommodifizierung von Identität.

Wenn wir den Akademismus als einen normativen Rahmen begreifen, der von einem Netzwerk von Institutionen getragen wird, dann können wir behaupten, dass der Akademismus des 19. Jahrhunderts im Wesentlichen derselbe ist wie der Akademismus von heute. Sowohl für den historischen als auch für den gegenwärtigen Akademismus gelten die folgenden Beobachtungen:

Der Akademismus ist eine notwendige Folge des Kapitalismus. Der Akademismus ist ein globales Netzwerk von Kunstakademien und den zentralen Institutionen der akademischen Kunst. Die Kunstakademie hat die Aufgabe, die Kunstindustrie mit erschwinglichen Arbeitskräften zu versorgen, die Karrieremöglichkeiten unter den aufstrebenden Künstler:innen zu verteilen und durch diese Verteilung deren Arbeit zu regulieren. Die Regeln der Verteilung werden nach dem Prinzip der geringsten Veränderung festgelegt. Um sich die Unterstützung der Akademie zu verdienen, müssen junge Künstler:innen in der Lage sein, Produkte zu schaffen, die dem alltäglichen Kunstdiskurs sofort zugänglich sind, diesen aber möglichst nicht verändern. Mit anderen Worten, sie müssen in der Lage sein, Produkte zu schaffen, die sich leicht als Inhalt eines vordefinierten und sich wiederholenden Diskurses über Kunst fassen lassen. Da jeder validierte Künstler diesem Prinzip folgen muss, ist die zunehmende

Uniformität im Werk unvermeidlich. Die Uniformität macht den Begriff des Geschmacks unbrauchbar, denn der Begriff des Geschmacks beruht auf der Möglichkeit der Auswahl. Daher muss der Geschmack im normativen Rahmen des Akademismus durch ein anderes Kriterium ersetzt werden, das die Existenz der Kernbestandteile seiner institutionellen Struktur rechtfertigt. Dieses Surrogat ist das System der gegenseitigen Bestätigungen. Der einzige Unterschied zwischen dem zeitgenössischen Akademismus und dem Akademismus des 19. Jahrhunderts besteht darin, dass im Letzteren der Bezugsrahmen aus den Werken der »Alten Meister« bestand, während sich im Ersteren der Bezugsrahmen auf die Avantgarde und die Kunst des 20. Jahrhunderts im Allgemeinen verlagert hat. Rückblickend wissen wir alle, dass sich die akademische Kunst des 19. Jahrhunderts als anachronistisches Phänomen erwiesen hat. Künstler, die nicht bereit waren, dem Prinzip der geringsten Veränderung zu folgen, wurden an den Rand des Systems gedrängt, und die wirkliche künstlerische Innovation fand außerhalb der Welt der etablierten Preise, Galerien, Ausstellungsräume, Museen und Sammlungen statt. Deshalb sind die Künstler des historischen Akademismus heute weitgehend vergessen, trotz der Versuche, sie wieder in den Diskurs zu bringen. Man könnte zu dem Schluss kommen, dass der zeitgenössische Akademismus das Schicksal seines historischen Vorgängers teilen wird, aber wir müssen bedenken, dass sich die Geschichte nicht wiederholt. Was aber, wenn sie sich reimt?

LITERATURVERZEICHNIS

Paul Barlow »Fear and loathing of the academic, or just what is it that makes the avant-garde so different, so appealing?« in: *Art and the Academy in the Nineteenth Century*, Hg. Rafael Cardoso Denis und Colin Trodd, Manchester: Manchester University Press, 2000.

Hans Belting, »Contemporary Art as Global Art – A Critical Estimate« in: *The Global Art World*, Hg. Hans Belting and Andrea Buddensieg, Ostfildern 2009.

Pierre Bourdieu, »Vortrag vom 17. Februar 1999« in: *Manet: Eine symbolische Revolution*, Übersetzt von Achim Russer und Bernd Schwibs, Berlin: Suhrkamp Verlag, 2015.

Ivan Brooks, »Art and Academism« in: *New Blackfrairs* Band 17, Ausgabe 196, London: The Rolls House Publishing Co., Ltd., 1936.

Jack Perry Brown, »The Return of the Salon: Jean Léon Gérôme in the Art Institute« in: *Art Institute of Chicago Museum Studies* Vol. 15, Nr. 2, Chicago: The Art Institute of Chicago, 1989.

Mark Fisher, *Capitalist Realism*, London: 0 Books, John Hunt Publishing Ltd., 2009.

Gerbert Frodl, *Hans Makart Monographie und Werkverzeichnis mit einem Beitrag von Renate Mikula*, Salzburg: Residenz Verlag, 1974.

Dr. Klaus Gallowitz (Hg.), *Hans Makart – Triumph einer Schönen Epoche*, Baden-Baden: Staatliche Kunsthalle Baden-Baden, 1972.

Alina Girshovich, *Art Fairs, Biennials and the Contemporary Art Landscape*, https://www.sothebysinstitute.com/news-and-events/news/art-fairs-biennials-and-the-contemporary-art-landscape, 2018

Susanne Küper, »Kuttner – Lueg – Polke – Richter. Kapitalistischer Realismus? New Vulgarism? Antikunst? … Düsseldorf und andere Orte. Versuch einer Rekonstruktion«, in: *Arbeitsgemeinschaft 28 Düsseldorfer Galerien (Hrsg.): Düsseldorfer Avantgarden. Persönlichkeiten, Bewegungen, Orte*, Düsseldorf: Richter Verlag, 1995.

Suhail Malik, »Forever Young: A Short Guide to Some Paradoxes of Contemporary Art« in: *Art Review*, Jan.–Feb. 2015, https://artreview.com/features/jan_feb_2015_feature_forever_young/

DeCourcy E. McIntosh, »Goupil and the American Triumph of Jean-Léon Gérôme«, in: *Musée Goupil, Gérôme and Goupil: Art and Enterprise*, Übersetzt von Isabel Ollivier, Paris: Réunion des musées nationaux, 2000.

Christian Mogner, »The evolution of the art fair«. In: *Historical Social Research / Historische Sozialforschung*, Vol. 39, No. 3 (149), *Special Issue: Terrorism, Gender, and History. State of Research, Concepts, Case Studies*, Köln: GESIS – Leibniz Institute for the Social Sciences, 2014.

Friedrich Nietzsche, *Die Geburt der Tragödie oder Hellenismus und Pessimismus*, Hg. Karl-Maria Guth, Berlin, Hofenberg, 2016.

Saskia Pütz, »Britische Kunststudenten und deutsche Meister: W.B. Spence and the Reform of German Art Academies« in: *The concept of the ›Master‹ in Art Education in Britain and Ireland, 1770 to the Present*, Hg. Matthew C. Potter, Surrey: Ashgate Publishing Ltd., 2013.

Julian Stallabrass, *Art Incorporated – A Story of Contemporary Art*, Oxford: Oxford University Press, 2014.

Emily M. Weeks, »An Enduring Renaissance: Collecting Gérôme in America« in: *Gérôme*, Hg. Eric Weider, Polly Sartori, Beverly Hills: Gallery 19C, 2017.

DANKSAGUNG

An dieser Stelle möchte ich mich bei Anne Schülke und Detlef Klepsch bedanken, die als Kuratoren des Neuen Kunstraums Düsseldorf die erste öffentliche Präsentation dieser Ideen unterstützt haben und ohne deren Vermittlung dieses Buch nicht zustande gekommen wäre. Nora Sdun und Gustav Mechlenburg danke ich für ihr umfangreiches redaktionelles Feedback und ihre Veröffentlichungsarbeit. Danken möchte ich auch Clara Herrmann, die die prompte und entscheidende finanzielle Unterstützung für die Stipendiat:innen der Jungen Akademie der Akademie der Künste Berlin zu Beginn der Corona-pandemie organisierte und es mir so ermöglichte, an der ersten Fassung dieses Textes zu arbeiten. Des Weiteren möchte ich mich bei Luise Pilz für ihre aufmerksamen Erstkommentare bedanken, die die Entwicklung der Arbeit geprägt haben. Der Stiftung Kulturwerk der VG Bild-Kunst danke ich dafür, dass sie die Veröffentlichung dieses Buchs durch ihre Publikationsförderung ermöglicht haben. Nicht zuletzt möchte ich mich auch bei meinen Eltern bedanken, dass sie da sind.